Se busca:
***Persona innovadora** para encontrar lo desconocido. Salario inestable, oposición constante, largos períodos de incomprensión, ataques continuos, traición de todos lados. **Alto riesgo de fracaso**, sin reconocimiento en caso de éxito. Sólo para quienes confían en sí mismos, están dispuestos a desafiar el statu quo y la resistencia de todos sin rendirse.*

Gracias por su visita

Innovación CAÓRDICA

Domina el poder del caos y el orden para transformar lo que *TÚ* quieras

** Este libro ha sido escrito por un humano*

Jose Almansa

G2000

Diseño gráfico: Carolina Naval

Gestión 2000 es un sello editorial de Centro de Libros PAPF, SLU
Av. Diagonal, 662-664
08034 Barcelona
www.planetadelibros.com

Primera edición: abril de 2025
Depósito legal: B. 2.428-2025
ISBN: 978-84-9875-588-6
Impresión y encuadernación: Macrolibros, SLU
Printed in Spain - Impreso en España

Dedicado a cuatro niños y una joven.

Al que sabe que su padre se alegra de corazón cuando le gana...

a la que su misión en la vida es no cambiar...

a la que sabe que lo importante es lo que crea y opine ella...

al niño de cinco años al que recurro todos los días.

Y a la joven que sigue temblando.

Jose M. Almansa Lapeira

Hay personas que en su vida aceptan pronto las respuestas, cómo son las cosas y hacen lo que se espera de ellos. Otros no.

Autor del libro *El fin de la innovación. La era del innovador*, crea la metodología Grasshopper® para innovar que, desde 2020 implementa en universidades, empresas, instituciones y municipios. Ha reconectado a miles de personas con su espíritu responsable, creativo e innovador, ayudando a detectar decenas de miles de Necesidades No Resueltas, Retos y Soluciones a través de su consultora "Creadores de lo Inesperado".

Enemigo de la frase "todo está inventado", tras estudiar derecho y un MBA, fue emprendedor en una serie de proyectos que nadie había hecho antes. Crea la Subasta Invertida en internet en 2000, cofunda HUB Madrid en 2006 (precursor de la red Impact HUB), Pocket University en 2012 (reconvertida en APP CRUE tras su venta a Santander Universidades), la red de coworking LOOM en 2016, además de diferentes proyectos en los que participa como Business Angel.

Ha sido ocho años profesor de Emprendimiento en el Instituto de Empresa, en la Universidad de Villanueva, tutor y mentor de emprendedores. En 2024 crea "K*Ordic Innovator Lab" para potenciar la formación hacia el concepto de "persona innovadora" como motor de las sociedades.

Columnista en medios como *El Confidencial*, *ABC*, *El Economista* o *La Información*, autor del pódcast *El viaje del innovador*, octavo más escuchado en Apple Pódcast en la categoría News Commentary en 2022. Nombrado *Creator* por Linkedin en España desde 2022. Colaborador como voluntario de personas sin hogar en Madrid y de desarrollo en Turkana, Kenia.

Este libro es su último salto orientado a ayudar a las personas a dominar el poder del caos y el orden para generar nuevas soluciones que no existían ante necesidades no resueltas. A soltar el conocimiento, las ideas e ideologías preconcebidas limitantes. Para encontrar lo nuevo. Y aplicarlo en la vida, en las organizaciones, en proyectos de emprendimiento, o en un nuevo sistema de gobernanza.

Aunque no lo parezca, Jose Almansa aún es muy joven. Casi tanto como un niño de cinco años. Y aún sigue soñando.

Un cuento....

- Dos amigos
- Deciden crear un mundo virtual donde ponen recursos, algunas especies diferentes, todo en equilibrio
- Pasa un tiempo y deciden hacer un experimento para tratar de que una de las especies llegue *a la consciencia propia*
- Una vez elegida, modifican su estructura original, dándoles rasgos de su propia genética
- Deciden meterlos en una parte del mapa, con unas normas a seguir
- Si las incumplen, sabrán que han llegado a tener consciencia, a su libre albedrío
- Al principio siguen fielmente las normas, pero terminan saltándoselas
- Ya actúan por su cuenta fuera de la programación establecida
- Los amigos deciden crear avatares de ellos mismos para introducirlos en el mundo virtual
- Los locales los llaman "DIOSES"
- De los dos amigos, uno empieza a tomar mucho cariño a esas personitas, pero el otro opina que deberían ponerlos a minar monedas o a hacer algo productivo
- Deciden tener un panel de control cada uno
- En el mundo virtual, las personitas lo interpretan como que uno de los amigos es ~~"bueno"~~ y el otro ~~"malo"~~ y así se lo cuentan a todos

- **Los amigos deciden dejar *libre albedrío* al mundo que han creado y no entrometerse para observar cómo funciona y dónde llega**
- **Descubren que en cuanto tienen libertad total, empiezan a pelearse entre ellos**
- **Muchos se vuelven egoístas, incluso llegan a ~~matar~~ a su hermano**
- **El amigo que quiere que trabajen minando opina que las personitas ~~no merecen la pena~~ y deberían desconectar el *mundo virtual*, pero el otro opina que se les debe dar la oportunidad de evolucionar**
- **Siguen enviando avatares que les recuerdan que están hechos a imagen y semejanza de los amigos y que pueden llegar a ser como ellos si consiguen evolucionar**
- **Les mandan mensajes para que comprendan que son valiosos, <u>"quiere al prójimo como a ti mismo"</u>**
- **Pero parece que no entienden**
- **Están más preocupados en pequeñeces que desde el panel de control ni se ven que en su evolución**
- **Gracias a los avatares saben que los dos amigos creadores del mundo virtual existen y parece que tratan de conectar con ellos**
- **Algunos aprovechan para hacerse dueños de sus enseñanzas y dicen que son los únicos que pueden conectar, controlando al resto**

- **A medida que se desarrollan, empiezan a pelear con más intensidad**
- **Construyen armas que empiezan a sobrecargar el sistema, la capacidad virtual se agota y de seguir así, no se podrá mantener el mundo virtual**
- **Los amigos están preocupados porque necesitan que comprendan que son uno, que la energía deben utilizarla para bien, para evolucionar, para llegar a más consciencia**
- **Pero las personitas ya no parecen tan interesadas en conectar con los amigos, sino que hablan de ideas e ideologías propias, y no paran de luchar entre ellos en su nombre**
- **Empieza a haber problemas de suministro de energía eléctrica porque el *mundo virtual* está consumiendo muchos recursos**
- **Otros miembros del mundo real empiezan a decir a los amigos que borren a las personitas como hicieron con otros anteriores**
- **Los amigos quieren mucho a su creación y dudan**
- **Les da pena, pero no pueden permitir que afecte al mundo real, ¿qué hacer?**

¿qué hacer?
¿qué hacer?
¿qué hacer?

Jose Almansa
Septiembre de 2022

Antes de empezar

En una ocasión, salía de una reunión con el ayuntamiento de Madrid para presentar un nuevo modelo de negocio, y cuando terminamos la reunión escuché que decían, ***"estos son unos*** **hippies** ***fumaos"***. Siempre he intentado participar en proyectos que nadie ha hecho antes, desde crear la subasta invertida por internet, el primer *coworking* de España (seguramente el más antiguo en funcionamiento de Europa), uno de los primeros juegos en apps, o el primer sistema de reporte no financiero *as a service*, o la primera metodología para innovar basda en el caorden... y es muy probable que muchas veces me hayan llamado "hippie *fumao"* sin saberlo. La pregunta que siempre detona ese pensamiento es la misma: "Y esto, ¿dónde puedo verlo?". Pero cuando es algo nuevo, fuera de lo conocido, ***todos creen que estás loco***.

Cuando escribí el libro ***El fin de la innovación. La era del innovador*** lo hice porque todos hablaban de *innovación*, pero cuando paraba una reunión y preguntaba: "Vale, pero vamos a ver si hablamos de lo mismo, ¿qué es innovación para cada uno de nosotros?", me di cuenta de que nunca coincidían las respuestas. Probablemente la palabra más utilizada en ámbitos empresariales y políticos, donde EE. UU. o Europa invierten el 2,4% de su PIB, y ¡no teníamos la misma definición!. Es algo que hoy en día sigue ocurriendo. En cualquier taller o dinámica que hago, cuando pregunto "¿qué es innovación?", siempre aparecen respuestas diferentes. No están bien o mal, simplemente son diferentes. Y es difícil trabajar algo sobre lo que ni siquiera coincidimos en su definición. Por eso busqué un patrón que se haya repetido en los grandes avances como humanidad, y lo llevé a una fórmula que provoca la "innovación" *(Salto 2)*.

Más de tres años después de empezar a poner en marcha la fórmula a través de la metodología ***Grasshopper NRS***® *(Necesidad – Reto – Solución)* que publiqué en el libro, he visto reconectar a miles de personas con su espíritu responsable, creativo e innovador, encontrar decenas de miles de Necesidades No Resueltas *(NNR)*, y obtener la solución. De hecho, todos han reconectado, ha salido una media de 7,5 *NNR* por persona y en el 100% de los casos se ha creado la solución a medida de la necesidad.

Este maravilloso viaje junto a tan diferentes personas, desde altos directivos de corporaciones a parados de larga duración de más de 45 años, de profesores universitarios y catedráticos a personas sencillas de pueblos de menos de 1.000 habitantes, de emprendedores a funcionarios desanimados, ha abierto mi espíritu a entender que todos somos innovadores, que esta metodología nos iguala como personas y a ver el impacto de tener personas reconectadas con su espíritu responsable, creativo e innovador que con un método aportan nuevas soluciones a la sociedad.

He visto auténtica transformación en personas y organizaciones al partir de Necesidades No Resueltas en vez de ideas. He comprendido que el futuro no es la Inteligencia Artificial, Big Data o Metaverso. El futuro son las personas.

Este libro trata de ser una guía para que te transformes en uno de los héroes que nos lleven a la sociedad del propósito. Reconectar con tu espíritu responsable, creativo e innovador para confiar en Ti antes que en nada ni nadie. No dogmatizar el caos como malo y el orden como bueno, sino conectar con el Caorden que rige nuestra naturaleza. Abandonar la búsqueda de ideas para aprender a detectar Necesidades No Resueltas, problemas y oportunidades. Y aprender a sacar una nueva Solución para cada una. Acabar con las ideologías que nos separan como personas para encontrar el propósito compartido. ***Todo en pieza en Ti. Todo es Todo.***

Es un libro corto, directo, he intentado quitar lo que no sea esencial para que tu ocupada mente no te reclame antes de tiempo y me dé una oportunidad. Porque tu mente vive en lo conocido y aquí te planteo un viaje que la apagará y te llevará a la zona de creación donde sucede lo inesperado.

Así que antes de empezar, vamos a hacer un juego muy simple. Responde honestamente estas preguntas:

1. ***¿De dónde vienes?*** En tu vida, en tu estela vital.

2. ***¿Dónde estás?*** En la vida. En qué punto sientes que te encuentras.

3. ¿Qué puedo o quiero cambiar / innovar en el mundo que me rodea, mi trabajo o en mí mismo?

____

____

____

4. ¿Cuánto estoy dispuesto a poner de mi parte para que este proceso salga adelante?

____

____

____

5. ¿Por qué voy a innovar?

____

____

____

No trates de entender las respuestas ahora. **No están ni bien ni mal**. Simplemente es lo que ha salido de **TI**. Cuando termines el libro, vuelve a hacerte estas preguntas. Y compara las respuestas.

Ahora sólo disfruta...

PARTE I.

EL SALTO

Salto 1

Tú no eres quien crees que eres

Salto 1. Tú no eres quien crees que eres

No. Tú no eres quien crees que eres. Tú eres un ser mágico de Luz. Has venido al mundo a evolucionar. A hacer algo. A cumplir un propósito. Naciste conectado con tu espíritu responsable, creativo e innovador. Tienes una conexión innata con el Universo, Dios, la Zona de Creación, el Todo, como lo quieras llamar.

Pero pronto lo olvidaste. Porque la sociedad, nuestros padres, profesores, guías espirituales -con la mejor intención- comenzaron a darte respuestas para todo. Te dijeron cómo te llamas, tu raza, religión, sexo... y se creó lo que los antiguos griegos llamaban tu "Ego". Quien tú crees que eres. Capas y capas de creencias limitantes del medio en el que vives.

Tu frecuencia vibracional baja, la programación social hace que el camino que has venido a recorrer se diluya. Porque tú ya no eres "Tú". Como diría el filósofo Ortega y Gasset eres "tú y tus circunstancias". Con cinco años ves lo que nadie puede ver, sueñas lo que nadie espera, expresas tus sentimientos con intensidad, la imaginación puede llevarte a cualquier lugar. Ante un problema, no sacas un libro para buscar qué hacer. Simplemente pruebas una solución que viene de "algún lugar". No hay miedo, preocupación o culpa. ¿Lo recuerdas? Sentías que eras capaz de todo "solita" o "solito". Naciste preparado para cumplir tu propósito.

Así hasta que recibes ideas, normas, respuestas y pautas para todo. Qué es bueno o malo, posible e imposible, cómo funciona el mundo. También te dicen en qué eres bueno o malo, y si te dicen que eres malo en algo, pasas a serlo de verdad. Te llega lo que "puedes" o no hacer. Conoces la culpa. Un sentimiento paralizante y destructivo que inmoviliza. Dejas las preguntas porque ya tienes las respuestas. Las que otros te han dado. Cambias la búsqueda por lo conocido. Vives con una programación mental que te hace funcionar sobre la base del conocimiento, las ideas e ideologías que te han dado.

Abandonas la capacidad de estar conectado con el Yo creativo e innovador. Dejas de soñar. Dejas de jugar. Dejas de saltar. Renuncias a decidir. Antes un insecto podía ser fascinante, ahora es "sólo" un insecto. Cargas con una mochila llena de respuestas preaprendidas para todo. Estudias, llegas a la universidad y hasta consigues un buen trabajo. A más estudios, más respuestas para el mundo conocido. Puedes llegar a ser muy bueno dando esas respuestas aprendidas. Parece que la "mochila" funciona.

Vives en la mente que todo lo controla. Que jamás va a salir a buscar lo desconocido. Aparece la preocupación por el futuro, el otro gran sentimiento paralizante destinado a inmovilizarte. ¿Te suena la expresión "pensar fuera de la caja"? No tiene sentido. Nunca "pensarás" fuera de la caja. La mente no lo permitirá porque necesita tener control. Te anclas en la mochila de respuestas aprendidas, en tu programación adquirida.

Pero ¿de verdad crees que la mochila funciona? La Vida está viva, ¡cambia todo el tiempo! Hay caos y hay orden que no es ni bueno ni malo, como veremos más adelante. Las decisiones provenientes de tu libre albedrío y la del resto de los seres conscientes del universo cambia la realidad a cada momento. Y cuando cambia, dejan de funcionar muchas de las respuestas adquiridas. Lo que antes valía ya no vale. Buscas y rebuscas en la "mochila" para encontrar nuevas ideas -de otros- que te ayuden. Pero esas ideas surgieron en otro contexto y no funcionan.

¿Te vas a dejar vencer? ¿Vas a dejar de luchar por alcanzar tu propósito? ¿Por asumir tus riesgos? ¿Por alcanzar tus límites? *Memento mori*, "recuerda que vas a morir" decían en la antigua Roma.

¿Eres valiente? ¿Quieres cambiar tu destino y el de otros? Sí, puedes hacerlo. Basta volver a tocar, aunque sea una centésima de segundo, ese espíritu responsable, creativo e innovador con el que naciste. Quien Tú eres de verdad. Y anclarlo. Para acallar la mente, salir de la programación adquirida y empezar a funcionar conectado con la "zona de creación", esa a la que la mente no puede acceder. Sí, puedes hacerlo. Si sientes que no hay reto imposible. Sí. ¡Sí!, debes hacerlo.

Atrévete a probar, a imaginar, a saltar, a jugar, a cuestionar. A volver a ser niño. A dejar de ser adultil. A legar una historia. A inspirar a los que vienen. A reprogramar tu mente para abrirte a una realidad nueva. Más generosa. Abierta. Justa. Viva. Sana. Divertida. Creativa. Innovadora. Responsable. A soltar la mochila llena de conocimiento, ideas, ideologías, preocupaciones y culpa. Confía en Ti antes que en nadie. En tu Yo innovador. En tu Yo verdadero. Suelta las creencias limitantes y sal a buscar Necesidades No Resueltas para traer las Soluciones que el Mundo necesita.

Basta con que toques, aunque sea una centésima de segundo, a ese Ser tan maravilloso que eres Tú. Anclando ese lugar, desde allí, todo puede surgir.

67.

No seas adultil*. Conecta con el espíritu del niño de 5 años que habita en **Ti**. Ése es tu verdadero Yo que aún no tiene ideología, prejuicios ni religión. No ha sufrido proceso de socialización.

66.

Confía en Ti antes que en nadie. El mundo actual está programado para funcionar en torno al miedo. Miedo que paraliza. Miedo que no te deja salir de lo conocido. Cuando no sigas el patrón que todos esperan, muchos te dirán cómo *"debería"* ser. Sólo confiando en **Ti más que en nadie** podrás resistir y seguir el camino de lo que has venido a hacer en esta Vida.

65.

Quiérete a Ti más que a nada en este mundo. Jesús dice *"quiere al prójimo como a Ti mismo"*. *"Como a Ti mismo"*. Yo interpreto que nos dice que nos queramos infinitamente y, siendo Amor, nos abramos a querer igual a los demás. En el mundo del innovador, todos van a atacarte. Administración, inversores, competencia, envidiosos... Porque el *statu quo* se defiende por naturaleza. Sólo queriéndote aguantarás los ataques y perseverarás.

64.

Evita la culpa y la preocupación. Son dos sentimientos **inútiles**. ~~La culpa~~ porque es pasado y no puedes cambiarlo. ~~La preocupación~~ porque es futuro. Y si es una posibilidad real, ocúpate, pero no te preocupes de antemano si aún no puedes hacer nada. No podrás ser Innovador cargando con esos sentimientos. Porque te inmovilizarán.

63.

Estate abierto a lo desconocido. **Disfruta el Caos**. **Pero pon Orden** debajo. Y nunca, nunca juzgues el caos o el orden como bueno o malo. La naturaleza necesita de los dos. **Tú también.**

62.

Comprende siempre *"por qué"* haces las cosas. Puede que todavía no sepas "cómo" o "qué", pero busca siempre el "por qué". El innovador con un propósito siempre encontrará la innovación.

61.

Llevas toda una vida funcionando con una programación determinada. Que seas exitoso o no tiene más que ver con los mensajes de autoconfianza que te hayan llegado en tu etapa más joven que el esfuerzo que hayas aplicado. Salvo en muy pocos casos, no has sido programado para buscar lo nuevo, sino todo lo contrario. Por eso vas a necesitar salir de la mente, reprogramar tus creencias y mensajes. No soy un gurú y sólo cuento lo que a mí me ha funcionado, pero recomendaría a todo ser humano que una vez adulto elija los mensajes que le gustaría que tuviera su subconsciente y tratara de reprogramarlo. Hay muchas técnicas hoy en día de muy fácil acceso e increíbles resultados.

60.

Imagina tres capas. Supraconsciencia, consciencia y subconsciencia. Según la teoría cuántica, todas las posibilidades, infinitas, se dan en la Supraconsciencia. Es una consciencia universal donde todo sucede a la vez. Son las infinitas posibilidades que hay en la existencia. Ahí está tu "yo" rico, pobre, alegre, enfadado... todos. Ahí también está lo nuevo, lo que no se conoce, la "innovación". Cuando eres niño, tu consciencia está directamente conectada con la Supraconsciencia. Lloras y ríes en milésimas de segundos. Te enfadas y amas casi a la vez. Pero luego desconectas y vives en la subconsciencia, la zona donde están las ideas, ideologías y patrones adquiridos. Lo conocido. Debes intentar volverte más consciente para conectar con la zona de creación desde tu interior. La zona donde está lo nuevo.

59.

Cuando hablo de salir de la mente, me refiero a la mente programada, a lo conocido, a las ideas que nos han dado otros. Puedes volver a conectar con el espíritu responsable, creativo e innovador con el que has nacido. Es lo que los maestros tibetanos llaman "Ser Consciente" al que la mente no te deja acceder. Es el "observador" de los científicos de la mecánica cuántica que no juzga como siempre hace la mente. Puedes llegar de múltiples maneras, a través de la meditación, a través de frecuencias vibracionales de la música, a través de actividades como el baile que engañan a tu mente... Lo bueno es que cuando conectas, lo reconoces.

58.

Reprogramar el subconsciente para cambiar el patrón de ideas preconcebidas lleva tiempo. Sin embargo, todos podemos tomar consciencia de esos patrones y cambiarlos temporalmente para acceder a lo nuevo. Con práctica y método se puede conseguir.

El mundo actual necesita individuos que sigan tres grandes principios: no juzgo, me quiero más que a nada en el mundo, y confío en mí antes que en nada ni nadie. Si no te quieres a ti mismo, no podrás querer a otros ni a nada. Tampoco creerás que otros te quieren porque si ni tú mismo te quieres, ¿cómo lo van a hacer otros? Confiar en nosotros mismos es extremadamente difícil cuando delegamos nuestras responsabilidades sociales en los políticos al votar o dejamos que la Inteligencia Artificial nos empareje sentimentalmente, nos diga qué leer, ver en las RR. SS., viajar… Pero es la base del pensamiento crítico lo que nos salvará de ser superados por una inteligencia superior.

Sigue para coleccionar más semillas...

Salto 2

Inno bla bla bla

Salto 2.
Inno bla bla bla

Venga. En una frase. ¿Serías capaz de decir qué es innovación? Cuando comencé a escribir el libro *El fin de la innovación. La era del innovador* en 2016, entendí que era casi imposible no escuchar hablar de innovación. Todos lo siguen haciendo. En los discursos de políticos o empresarios. En las campañas de marketing. En los planes estratégicos. En reuniones. Así que comencé a preguntar "¿qué es innovación?".

El resultado fue asombroso. No es que estuviera bien o mal. ¡Es que ninguna respuesta coincidía! Cada persona respondía con su sensación de qué es "innovación", pero no había una definición clara que pusiera a todos de acuerdo. Incluso muchas personas me hablaban de innovar a través de la *open innovation* que no es "innovación". Es "colaboración" y soy un apasionado de la *experience collaboration*, pero no es "innovación".

Hoy sigue siendo casi imposible no escuchar hablar de innovación ¿verdad? Todos lo hacen. En los discursos de políticos o empresarios. En las campañas de marketing. En los planes estratégicos. En reuniones. En la calle... Todos hablan de "innovación". Es la palabra de moda. Pero “la innovación no existe”. ¡NO existe! Al menos como la están contando. Sin embargo, las personas que innovan, sí.

Por eso en el libro traté de encontrar un patrón. Algo que estuviese en todos los grandes avances que la humanidad ha tenido desde siempre. Lo encontré. Y lo llevé a una fórmula que puede provocar la “innovación” al ponerla en marcha. Además, ha conseguido que miles de personas con las que he tenido la oportunidad de debatir sobre ella estén de acuerdo.

Aquí, la “fórmula de la innovación”:

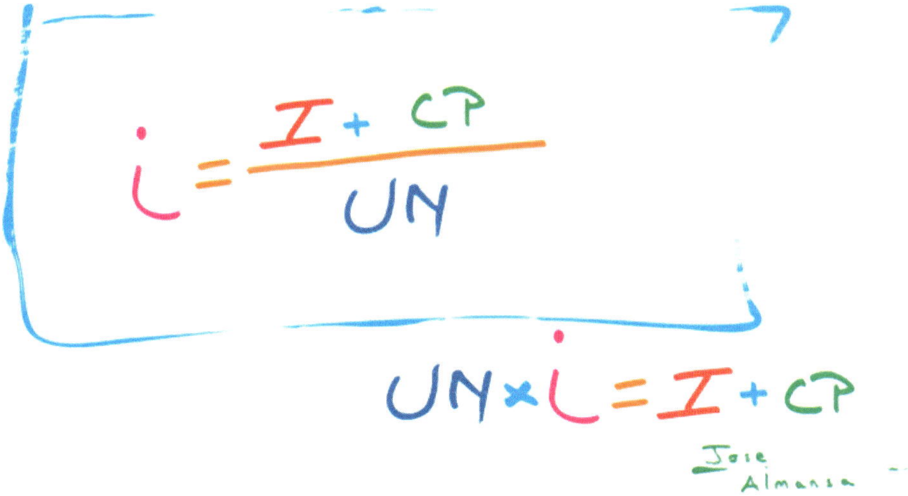

> **“Innovación es el resultado del proceso creativo de un innovador ante una *Necesidad No Resuelta* que las respuestas preaprendidas no eran capaces de solucionar.”**
>
> **@Jose Almansa**

Es sencilla pero profunda. Lo primero que dice es que NO PODEMOS INVERTIR EN INNOVACIÓN. España, por ejemplo, invierte el 1,2% del PIB en innovación. La mitad público, la mitad privado. Pero no genera el impacto que tal cantidad de inversión debería producir. Porque se está invirtiendo en el resultado. Sin embargo, las recomendaciones de los expertos son que suba la inversión al 2,4% de media europea o al 2,84% de EE. UU. Pero no va a funcionar porque no se puede invertir en el resultado de la fórmula.

Donde sí podemos invertir es en lo que provoca la innovación. En lo que produce el resultado. Son dos elementos: el innovador y un proceso creativo que parta de Necesidades No Resueltas en vez de ideas.

Elemento *1*: ***Innovador. Las personas***

Sí. Esto va de personas. La primera gran noticia es que todos somos innovadores. TODOS hemos nacido conectados con nuestro espíritu responsable, creativo e innovador. ¡No podemos renunciar a él! Es innato. ¿Alguna vez has visto a un niño de 3 a 5 años sacar un manual para buscar la respuesta a un problema? Seguro que no. Habrás visto que trata de solucionarlo desde "otro lugar". Pero después del proceso de socialización que vimos en el Salto 1, tenemos que reconectar para atravesar las capas que desde pequeño han ido apareciendo. Las que nos han hecho vivir sólo basándose en las respuestas programadas en la mente o subconsciente.

La mente sólo vive en lo conocido, se rige por los patrones anclados en el subconsciente. Jamás va a salir a buscar lo nuevo, lo desconocido. Recuerda, nunca vas a "pensar fuera de la caja". Porque la mente no va a permitir que salgas de lo conocido. Donde ella es importante, es fuerte. Y si lo intentas, te llenará de dudas, de miedos, de preocupaciones, incluso de culpabilidad para limitarte. No intentes "pensar" fuera de la caja.

Lo que sí podemos hacer es engañar a la mente para que no interfiera. No apagarla del todo, que es muy difícil (sólo los yoguis y ascetas llegan y no busco que lo seas). Cuando un músico, un pintor, un bailarín y todas las personas relacionadas con el arte están en su proceso creativo, la mente desaparece. Pregunta a un pianista si cuando está tocando piensa dónde tiene que poner los dedos, a un bailarín cómo mover los pies o a un pintor si está pensando en cómo dar pinceladas. No. Simplemente están conectados con "otro lugar" desde donde se inspiran. Ese lugar es la "zona de creación", una zona de la supraconsciencia donde los patrones preaprendidos no funcionan porque hay caos y orden sin juzgar si es bueno o malo. Y tú también puedes llegar allí para traer nuevas soluciones creativas a las necesidades que te plantees. Así, una vez que reconectas con tu espíritu responsable, creativo e innovador y la mente no interfiere, estás listo para encontrar lo inesperado.

Sí. La innovación va de personas. Pero, ¿quién es innovador? Pues siguiendo la lógica de la fórmula de la innovación que dice que no es más que el resultado del proceso creativo de un innovador ante una necesidad no resuelta por las respuestas preaprendidas podemos obtener la "fórmula del innovador":

$$\text{Innovator} = \frac{\text{Unresolved Need} + \text{Creative Process}}{\text{New Solution ('innovation')}}$$

> **Innovador es la persona que da respuesta a una Necesidad No Resuelta *mediante un proceso creativo* que genera una nueva solución inesperada que llamamos innovación.**
>
> **@Jose Almansa**

Vivimos en sociedades avanzadas y sin embargo no somos felices. El planeta está amenazado. La Tierra se calienta. No estamos preparados para enfrentarnos a nuevos virus o pandemias. Tenemos dudas sobre nuestro futuro. Vivimos un presente complejo. Pero también es el momento más apasionante de nuestra historia. Porque el poder, ese poder que perdimos de niños, sigue estando ahí. Esperando. Porque hoy más que nunca sabemos que la solución (la "innovación") está en las personas.

Innovar es reemplazar respuestas aprendidas por modelos inesperados y, ante la magnitud de las necesidades no resueltas que hoy nos afectan, debemos conseguir que muchos reconecten con su espíritu responsable, creativo e innovador. De esta manera surgirá una gran inteligencia social, y un proceso creativo/colaborativo que desembocará en el *bottom-up*, la innovación desde abajo, desde las personas.

Elemento 2: **Proceso creativo. Un método**

La segunda parte de la fórmula habla de un proceso creativo que no parta de ideas sino de Necesidades No Resueltas. A principios del siglo XXI surgieron muchas nuevas metodologías. *Design Thinking, Canvas, U Theory, Agile* y otras para ayudar a personas y empresas a crear y gestionar proyectos de una manera más ágil y flexible. Han sido muy útiles en el desarrollo del ecosistema emprendedor y en los nuevos sistemas de gestión que hoy en día utilizamos. Porque nos volvimos flexibles y colaborativos. Pero no hicieron que cambiásemos el punto de partida, las ideas. Sí, las metodologías que usamos hasta ahora trabajan con ideas.

Pero que una idea resuelva una necesidad es una casualidad si no ha partido de ésta. Además, siento decirlo, todas las ideas nos las han dado otros. Ninguna idea ha salido de Ti. Y esas ideas que te han dado vienen relacionadas con quién crees que eres, estatus, religión, ideología o posición socioeconómica de origen. Conforma lo que Ortega y Gasset concibió como "tú y tus circunstancias".

Por eso entre 2018 y 2019 desarrollé y registré la metodología **Grasshopper NRS®** *(Necesidad – Reto – Solución)* para innovar. Una metodología única y original que reconecta a las personas con su espíritu responsable, creativo e innovador, lleva a detectar Necesidades y a traer Soluciones a la medida de cada necesidad.

Desarrollada en mi anterior libro, ***El fin de la innovación. La era del innovador***, es la primera metodología que parte de Necesidades No Resueltas y no de ideas. Puesta en marcha durante más de tres años en universidades, corporaciones, ciudades, asociaciones, instituciones públicas y privadas, *start-ups*, organizaciones, colectivos, personas muy preparadas o parados de larga duración sin estudios, con un resultado sorprendente. Porque en vez de hacer un proceso de ideación, sigue un proceso Caórdico.

Esta metodología pone en el centro de actuación a las personas. Todas reconectadas con su espíritu responsable, creativo e innovador. Que consiguen detectar una media de más de siete Necesidades No Resueltas. Y que siempre hayan obtenido al menos una Solución para cada Necesidad trabajada. ¡Siempre se ha conseguido la solución para la Necesidad! Siempre. Desde las personas. Legitimando las soluciones al venir de un consenso general y sentimiento de identidad colectiva.

Porque,
¿qué sucede cuando se utiliza un método que es de abajo - arriba?

Cuando una solución dentro de la organización o comunidad parte de TI, suceden tres cosas increíbles:

1. Es "Tu" solución. Vas a matar por ella, porque ha nacido de **TI**. Tuyo es el sentimiento de propiedad de lo que se va a hacer.

2. Entiendes el "por qué". Vas a implementar una solución porque soluciona una Necesidad No Resuelta. No es una "buena idea", sino algo necesario.

3. La Solución queda legitimada "desde abajo". Es *bottom-up*. Los de debajo de la organización han encontrado la solución.

Cuando reconectas como innovador y tienes un método como **Grasshopper®**, empiezas a funcionar sobre la base de crear nuevas soluciones partiendo de *Necesidades No Resueltas reactivas* (problemas) o *proactivas* (oportunidades). Tener individuos reconectados con su espíritu responsable, creativo e innovador en una organización hace que, en vez de funcionar mecánicamente con lo preestablecido, detecten problemas u oportunidades y creen nuevas soluciones a medida de una manera constante y natural. Se tratará de una organización de individuos innovadores. Porque recuerda, invertir en "innovación" no es lo importante, sino en personas que innovan.

La metodología **Grasshopper NRS®** la desarrollé a nivel personal, organizacional y ciudadano. Porque como innovador necesitas un proceso creativo que te guíe para detectar Necesidades No Resueltas y encontrar la solución. Que podremos llamar *"innovación"*. Serás así un individuo muy valioso para Ti mismo, la organización donde trabajes, la comunidad donde vivas y la sociedad en general.

56.

Recuerda, “Innovación no es más que el resultado del proceso creativo de un innovador ante una Necesidad No Resuelta” (la fórmula de la “innovación”). Nada más.

55.

No hay empresas, países ni instituciones innovadoras. Lo que hay son personas que así las hacen. Por eso no servirá la inversión de gobiernos e instituciones en “innovación” si no invierten en personas como Tú, los apoyan en sus procesos y crean ecosistemas para protegerlos. Ha llegado el momento de volver a poner a los individuos en el centro y darnos cuenta de que somos nosotros los únicos que podemos crear, innovar, colaborar y, finalmente, cambiar el mundo.

54.

Invertir el 1,2 o el 2,4% del PIB en “innovación” no servirá. Porque no se puede invertir en el resultado de una fórmula. Sí en lo que produce el resultado. El innovador y su proceso creativo o método.

53.

Innovador es la persona que da respuesta a una Necesidad No Resuelta mediante un proceso creativo que genera una nueva solución inesperada que llamamos “innovación”. Todos podemos serlo. Tú también.

52.

Lo más importante al implementar lo nuevo es que las personas involucradas entiendan “por qué”. Si la solución sale de Ti y comprendes que resuelve una Necesidad, entiendes “por qué” se va a implementar. Una organización en la que las soluciones salen de las personas de abajo-arriba comprendiendo “por qué” evitará problemas de legitimación de toma de decisiones y hará una organización innovadora desde las personas.

51.

El método para innovar no puede partir de ideas que sólo viven en lo conocido. La metodología Grasshopper NRS® funciona porque parte de Necesidades No Resueltas y a través del Caorden consigue una Solución a medida de la Necesidad. No al revés.

50.

Hay que desmitificar la palabra “innovación” porque hoy todos hablan de ella. Es la palabra que lo resolverá todo. Pero la innovación NO EXISTE sin personas innovadoras. Por eso es necesario comenzar una nueva era, ‘la era del innovador’, la era de las personas. La era donde Tú juegas.

49.

Todos hablan de “innovación” pero les da miedo innovar. Cuando monté mi consultora, cometí el error de hablar de “innovación”. Al principio nos rechazaban porque la mayoría hablaban de “innovación”, pero los cambios les daban mucho miedo. Disfrázalo de otra cosa que no parezca amenazante si quieres traer lo nuevo a una organización.

En una empresa, evita tratar con el "director de innovación". Se sentirá atacado porque le haces parecer que no hace su labor. En mi experiencia, normalmente proponen a personas muy ordenadas para que controlen los posibles cambios más que para potenciarlos. Cuando presentes lo nuevo, no te dirá que no, pero no lo apoyará, y dejará que tu Solución o iniciativa muera por falta de respuesta o empuje. Sin embargo, un "director de transformación digital", por ejemplo, trabaja basándose en un propósito, un punto de partida interesante. Por supuesto esta circunstancia cambiará y en un tiempo los directores de innovación serán personas conectadas con su zona creativa e innovadora que te entenderán y apoyarán, pero hasta entonces, esta semilla te puede evitar muchas frustraciones.

Sigue para coleccionar más semillas...

Salto 3

La innovación es caórdica.
TÚ TAMBIÉN

SALTO 3.
La innovación es caórdica. TÚ TAMBIÉN

¿Recuerdas la serie *Super Agente 86*? En ella, un agente de inteligencia que hablaba desde un zapato móvil trabajaba para una organización buena llamada "control". Su misión era desbaratar los planes de los agentes de la agencia mala, "Caos". Control / orden bueno. Caos malo.

Toda nuestra vida hemos escuchado frases como "ordena tu cuarto", "tu vida es un caos", "en este caos de mesa no vas a encontrar nada", "ella / él es un caos", "pon un poco de orden", "me llamó al orden". Orden bueno. Caos malo. Incluso las canciones de pequeños aseguran que nos llegue bien claro el concepto. "A guardar, a guardar cada cosa en su lugar, sin tirar que mañana hay que jugar..." Orden bueno. Caos malo.

Sin embargo, la Naturaleza es Caórdica. No juzga el Caos como malo y el Orden como bueno. Necesita de los dos. Que surgiera la vida en este planeta y que se diera una mutación en seres unicelulares que permitió su desarrollo tiene más que ver con el Caos. El Caos permite la evolución y que aparezcan nuevas formas de vida. A través del Caos, las condiciones cambian impredeciblemente. Dándose la oportunidad para que las especies se adapten y evolucionen. El Caos varía los patrones naturales aleatoriamente. Así genera diversidad biológica por los diferentes caminos evolutivos que ocasiona.

Pero el Orden también es imprescindible en la naturaleza. Permite estabilidad y que los ecosistemas funcionen de manera eficiente. Es necesario para mantener las cadenas alimentarias, la colaboración entre especies, el equilibrio de los ecosistemas en general.

El Caorden es fundamental para la biodiversidad, adaptabilidad y estabilidad de la naturaleza. El Caos genera diversidad y oportunidades para evolucionar. El Orden, estabilidad y eficiencia. Así, el Caos no es malo ni bueno. El Orden no es bueno ni malo. Son necesarios los dos. La Naturaleza necesita Caorden.

También se da en el universo cuántico. Según la interpretación de Copenhague, una partícula puede estar en superposición en dos ubicaciones al mismo tiempo. Sólo cuando lo medimos colapsa en uno de los estados aleatoria, caóticamente, dejando la otra ordenada como resultado. Es el principio de superposición.

Nosotros, los seres humanos y los organismos, somos Caórdicos. La epigenética que nos permite modificar los genes sin cambios en la secuencia de ADN es Caórdica.

El Caos ayuda a que las células adapten sus genes a nuevas condiciones dadas por factores ambientales, dieta, estrés, exposición a toxinas... El orden da consistencia a esas nuevas características físicas generadas, permite la transmisión de información a través de las generaciones y la preservación de rasgos o características específicas en la herencia genética.

El Caorden es clave para el desarrollo y evolución de los organismos. Gracias al Caos hay adaptación a los cambios ambientales y del entorno. El Orden da estabilidad y heredabilidad de las marcas epigenéticas en el tiempo. Así se consigue variabilidad, desarrollo y adaptación de los organismos al cambio constante. No es bueno ni malo. Es necesario.

La innovación también es Caórdica, necesita Orden y Caos. Sin juzgar. En el Caos está la creatividad y la esencia de la innovación. En el Orden el resultado. Por eso podemos definir la innovación Caórdica como "creatividad e innovación con resultado". El Caos no es ni bueno ni malo. El Orden tampoco.

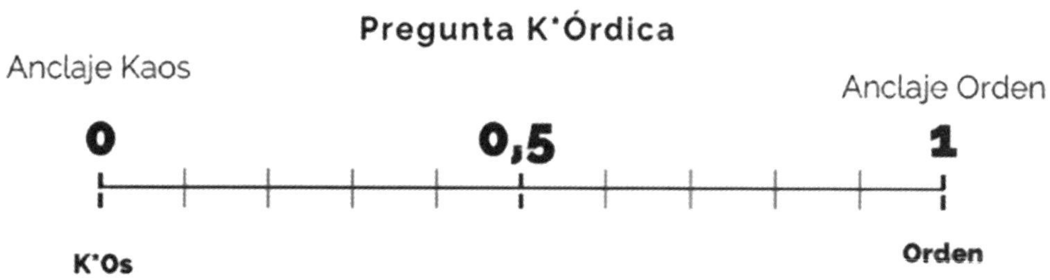

En la “escala de innovación K*Órdica®” tenemos dos polos:

- <u>0, caos absoluto.</u> Está todo lo nuevo, lo más creativo esperando ser capturado. Pero sin orden no aterrizaría jamás y no llegaría a hacerse realidad, siempre quedaría flotando.

- <u>1, orden absoluto.</u> Preparados para dar resultado, para ejecutar. Pero siempre en lo conocido. Porque no hay nada de caos. Nada de creatividad. Nada de lo nuevo.

Para el Posicionamiento de Innovación K*Órdica (PIKO en la metodología Grasshopper®) en la escala, hacemos una “pregunta K*Órdica”, la cual no se puede responder con un “sí” o un “no”. Porque necesitará debate o reflexión según los anclajes de = (Caos) y 1 (Orden). Normalmente no estarás ni en un extremo ni en el otro. Es decir, tendrás dos referencias y estarás en algún lugar en medio. Pero es probable que la posición en la escala de innovación K*Órdica no sea la ideal por las circunstancias del momento. Se genera un hueco entre la posición actual y la posición ideal. En ese hueco están las Necesidades No Resueltas que, como veremos en el Salto 4, son problemas y oportunidades.

La solución de esas Necesidades No Resueltas (NNR) son las que nos ayudan a hacer el viaje hacia el Orden o hacia el Caos. Es decir, reposicionarte en la escala de innovación K*Órdica supone que detectes las NNR y obtengas una nueva solución que te ayudará en el viaje Caórdico.

Un ejemplo del mundo empresarial. Una *start-up* al nacer, ¿está más cerca del Caos o del Orden? Del Caos, porque necesita romper las reglas, ir rápido, probar, equivocarse e intentarlo de nuevo. Es aprender haciendo y es mejor pedir perdón que permiso. Pero, ¿qué pasa cuando esa *start-up* crece y se va consolidando? Que necesita reposicionarse en la escala K*Órdica. Hacer un viaje hacia al Orden para empezar a dar resultado. Si no, seguirá siendo muy dinámica, inventando cosas nuevas, pero no generará beneficio, resultado. Y morirá.

¿Y una gran corporación? Está más cerca del Orden. Tendrá procesos, jerarquía, controles para todo. Porque tiene que dar resultado. Porque ya tiene productos o servicios muy probados que funcionan. Pero, ¿qué ocurre cuando el mercado cambia o aparecen nuevos competidores mucho más dinámicos que traen mejoras en los productos o servicios? Que necesita hacer un viaje hacia el Caos. Tirar paredes en la oficina, ubicar empleados donde esté sucediendo las cosas, bien en *coworkings* o como nómadas digitales para que se mezclen con nuevas maneras de pensar, conocimiento, clientes o proveedores. Necesitará colaborar con *start-ups* (*open innovation*), flexibilizar procesos, cambiar la cultura, etc. Las organizaciones y mercados cambian porque están vivos. Ante la aparición del smartphone en 2007 por ejemplo, muchas empresas de telefonía con una altísima cuota de mercado no supieron adaptarse y se quedaron fuera.

Sí. En el mundo empresarial también se necesita Caos y Orden. Orden y Caos. Sin juzgar. El Caos no es bueno ni malo. El Orden tampoco. Se necesitan ambos para que surja lo nuevo y llegue a materializarse.

Igual sucede con tu vida. Utilizando Grasshopper NRS® Personal puedes posicionar cualquier área. Verás que estás más cerca del Caos o del Orden. Entenderás cómo quizá necesitas un viaje hacia el Caos o hacia el Orden por las circunstancias que vives. Descubrirás respuestas a muchos de los "por qué" que te planteas diariamente.

Y más allá. El Caorden tiene su propio ritmo. Es difícil estar siempre ubicado en el mismo lugar de la escala Caórdica. Porque la vida cambia. Porque las circunstancias empresariales cambian. Necesitas un viaje constante del orden al caos para después ir del caos al orden. En el ejemplo corporativo, al llevar muchos años en el mercado, la empresa estará muy cerca del orden. Porque ha aprendido a optimizar y generar rentabilidad a sus accionistas. Seguramente ya no está el espíritu aventurero de sus fundadores. Cuando llega un gran cambio en el mercado, por una nueva tecnología o porque los tiempos cambian y las necesidades de los clientes también, toca un viaje hacia el caos. Lo puedes llamar "transformación digital", "cambio de cultura", "rediseño de producto"... Se trata de romper lo establecido que se ha quedado obsoleto para buscar algo nuevo. Es un viaje duro para muchas organizaciones acomodadas. Reinventarse supone un estrés organizacional.

Una vez reinventado, hay que volver a ajustar de nuevo la maquinaria para que el nuevo modelo genere el mayor beneficio para el accionista. Así, después de cada viaje al caos, viene otro al orden. Para cuando haya nuevos cambios, iniciar el viaje de nuevo. El "viaje Caórdico" es como un péndulo que itera un constante viaje en la escala Caórdica para estar en el Posicionamiento deseado.

Se trata de una nueva visión personal, organizacional y empresarial. Un sistema armonizado con la propia naturaleza de cómo funciona el universo sin juzgar.

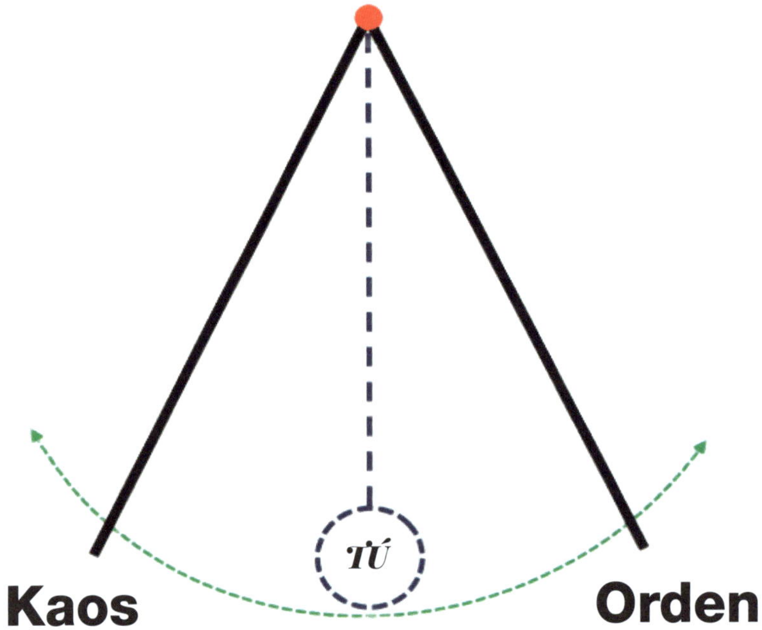

47.

No juzgues. El Caos no es malo ni bueno. El Orden tampoco. La Naturaleza necesita de los dos. Las empresas y Tú, también.

46.

No tengas miedo al Caos. Sin Caos no hay evolución. No estaríamos vivos. El orden ayuda a que generes resultado de lo nuevo que ha surgido desde el Caos.

45.

Si aprendes a posicionar la escala de innovación K*Órdica® (libro *El fin de la innovación. La era del innovador*), donde estarás en un punto, pero te sale que deberías estar más cerca del Caos o del Orden, verás el "por qué" de muchos fallos en la organización o tu vida personal.

44.

El viaje Caórdico es un proceso vivo. A medida que las circunstancias cambian, tu posición en la escala variará, tanto la actual como la ideal. Supone el reto de iterar constantemente de manera natural.

43.

Aprender a vivir en el Caorden te hará dinámico, práctico, adaptable, seguro, soñador y práctico.

42.

Si aceptas el Caos y el Orden como algo natural, tu mente no se interpondrá. Estarás abierto a lo inesperado. Tu mente no está preparada para no juzgar el Caos como malo y el Orden como bueno. La escala de innovación K*Órdica® te mantendrá reconectado con tu espíritu responsable, creativo e innovador.

Sigue para coleccionar más semillas...

Salto 4

Esto no va de ideas. va de NNR (Necesidades No Resueltas)

SALTO 4.
Esto no va de ideas. Va de NNR (Necesidades No Resueltas)

Que una idea resuelva una necesidad es una casualidad si no ha partido de ésta. Sin embargo, vas por la vida buscando grandes ideas. Las mejores ideas posibles. Pero tengo una noticia. Nunca has tenido una idea propia. ¡Ninguna idea ha sido tuya o mía! Todas son influencias de nuestro proceso de socialización.

Las ideas no sirven para innovar. Porque viven en lo conocido. ¿Alguna vez has escuchado la expresión "pensar fuera de la caja"? No tiene sentido. Nunca vas a "pensar fuera de la caja". Porque la mente vive en lo conocido. No saldrá de esa caja. Si lo intentas, verás cómo empieza a lanzarte miedos y advertencias para que vuelvas a lo conocido. Si no funciona, llegará la preocupación. Y por último la culpabilidad. Tres emociones inmovilizantes. Que no te permiten avanzar. Para que sigas en lo conocido donde la mente está cómoda y controla.

En vez de ideas, prueba a arrancar de una Necesidad No Resuelta. Si eres capaz de detectar Necesidades No Resueltas y a través de un proceso creativo (metodología Grasshopper NRS®) encontrar una solución a su medida, serás INNOVADOR. Y como sabes, la "innovación" no es importante. Las personas que innovan, sí.

Existen dos tipos de Necesidades No Resueltas (NNR). "Reactivas" y "Proactivas". Las Reactivas son PROBLEMAS. Que las respuestas que has aprendido no pueden resolver. Y las del resto de las personas a tu alrededor tampoco. Porque normalmente se parecen. Tienes conocimiento. Mucho adquirido con esfuerzo. Para que te ayude a dar respuestas. Y ganarte la vida con el conocimiento. Pero el mundo, la sociedad, la vida cambia aleatoriamente. Y un día, ese conocimiento no funciona. Y todavía no tienes la respuesta a tu alcance. Estás ante una NNR Reactiva.

Pero hay un Universo increíble delante de ti al que no puedes acceder desde la mente que vive en lo conocido. Son las NNR Proactivas. OPORTUNIDADES. Un ejemplo. Antes del 2007 no ibas por la calle pensando "necesito un ordenador en el bolsillo con GPS, e-mail, acceso al banco y a toda mi vida". ¡No conocías esa necesidad! Simplemente tenías un teléfono con mensajería y alguna funcionalidad básica. Pero llegó un gran innovador como Steve Jobs y nos vino a decir que todos, aunque no lo supiéramos, teníamos la necesidad de un ordenador en el bolsillo desde el que gestionar nuestra vida. Y nos trajo la solución. El iPhone. El primer smartphone. Una solución que resolvía una gran NNR.

Está lleno. El Universo está lleno de NNR Proactivas. De oportunidades. Hay infinitas. Está todo por hacer. Pero desde la mente que sólo vive en lo conocido no vas a llegar a ellas. Decía Mark Twain: "El cerebro humano está hecho de tal manera que no puede crear nada en absoluto; solamente puede usar material ya existente". Desde tu espíritu responsable, creativo e innovador sí. A través del Caorden. Y de un proceso como Grasshopper®, podrás acceder a un mundo de oportunidades. Seas un alto directivo o un desempleado de larga duración. Tengas doctorados y másters o no hayas estudiado jamás. Basta con reconectar y tener el método adecuado. No. Las oportunidades no salen de "ideas".

Son oportunidades porque con un método NRS (Necesidad – Reto – Solución) como Grasshopper®, siempre va a salir una solución a medida de la necesidad. Siempre es siempre. Nunca he visto ninguna NNR que se quede sin solucionar. Es Innovación. Mira ahí fuera. Está lleno de oportunidades como el iPhone. Esperando que las rescates y las traigas al mundo práctico. Pero recuerda, no va de ideas. Llegarás a ellas si partes de Necesidades.

La Necesidad de medir los límites en las inundaciones anuales a orillas del Nilo propició el nacimiento de los principios de geometría. La Necesidad de extraer el agua que inundaba las minas de carbón en Inglaterra tuvo la máquina de vapor como solución. La Necesidad de Estados Unidos de acceder a su información desde cualquier lugar aunque estuvieran eliminados los ordenadores centrales ante un ataque de la URSS creó internet.

En 1979 existía la Necesidad de aumentar los órganos disponibles para ser transplantados. Alguien muy especial para mí propició una solución a través de la Ley española de Trasplantes (Ley 30/1979). Esta Ley recogió el sistema pionero de "consentimiento presunto" como donante. Es decir, antes de la Ley para ser donante debías expresarlo. Esta Ley estableció que todos somos donantes a no ser que hayamos expresado lo contrario. España ha sido líder mundial de transplantes de órganos desde entonces. 15 diarios en 2021. El 6% de las donaciones mundiales. Un modelo que se ha expandido por medio mundo para salvar muchas vidas.

Recordando el ejemplo empresarial de la escala de innovación K*Órdica, veamos cómo surgen las Necesidades No Resueltas: imagina la pregunta K*Órdica "¿cómo es el empoderamiento de empleados en la empresa?". Anclamos el 0 absoluto / Caos con el anclaje "podemos hacer lo que nos da la gana sin pedir permiso a nadie". El 1 absoluto / orden con "sólo hacemos lo que nos manda el jefe y nada más". Normalmente no está en el 0 o en el 1, sino en un lugar intermedio. Cuando comienza el debate o reflexión, surgirá algo como "en la empresa podemos hacer ciertas cosas, pero a lo mejor...". Detrás de ese "a lo mejor" hay una NNR. Igual de un "quizá" por ejemplo. Y la continuación puede ser "a lo mejor deberíamos tener más tiempo en un ambiente fuera de la oficina para poner en marcha nuestras iniciativas" (viaje hacia el Caos), o "a lo mejor deberíamos tener más procesos para saber cómo podemos aterrizar lo que queremos hacer" (viaje hacia el orden).

La NNR es el punto de partida. Pero es etérea, inconcreta. Como veremos en el Salto 5, para encontrar la solución a medida sólo tendrás que crear un reto concreto, medible y evaluable de esa NNR. Y a cada formulación del reto, preguntar cómo concretarlo más. Y más de nuevo. Hasta que te des cuenta de que tienes delante una solución por lo concreto y medible que es, no sólo un reto. Hace falta algo de práctica, pero cuando lo entiendes, puedes solucionar cualquier problema u oportunidad.

¡Cualquiera!

Que una idea resuelva una necesidad es una casualidad si no ha partido de ésta. Haz la prueba. En la organización donde trabajes, en tu comunidad de vecinos, en tu familia, cuéntales que has tenido una idea y que quieres que se implemente. ¿Qué crees que va a pasar? Que tendrán rechazo al cambio. Porque no es su idea. Ahora prueba de otra manera. Con las mismas personas detecta a través de la metodología Grasshopper® necesidades y acompáñalos para que encuentren la solución. "Su" solución. Podría llegar a ser la misma que tu idea. Pero en este caso la acogerán y lucharán por su implementación. Tienen algo a su alcance diferente. Entienden el "por qué". Su solución nace para dar respuesta a una necesidad. No es una simple "idea". Pasa de idea a propósito. Un propósito compartido.

Simon Sinek, en su libro *Empieza con el por qué*, explica que si preguntas a cualquiera en la calle "qué" hace, todo el mundo lo sabe. ¡Todo el mundo! No falla. Si preguntas "cómo" se hacen las cosas, algunos pueden responder porque tienen el conocimiento. Son los que han estudiado, se han preparado, han adquirido el conocimiento. Pero muy pocos saben "por qué" hacen las cosas. Y éstos son los líderes. Prueba a cambiar la manera como funcionas. Partir de Necesidades en vez de ideas. A entender el "por qué". A ser un líder, aun sin querer.

La verdadera transformación vendrá de líderes que sepan activar el espíritu responsable, creativo e innovador de las personas en su organización, comunidad o sociedad. Que entiendan el caos como el lugar donde habita la creatividad, el orden donde se genera el resultado y sepan moverse en el caorden llegando a la "creatividad e innovación con resultado". Sus planes partirán de necesidades no resueltas en vez de ideas. Y pondrán a las personas en el centro como motores de innovación, de cambio. Todo para llegar a las respuestas inesperadas que el mundo necesita.

41.

Tus emociones vienen de tus pensamientos. Y tus pensamientos de tus ideas. Pero ninguna idea ha sido tuya. Por eso no controlas lo que sientes. Tiene más que ver con lo que los demás te hacen sentir. Si cambias el proceso y funcionas por Necesidad – Reto - Solución, podrás confiar en Ti. Porque tus sentimientos vendrán de pensamientos que se basan en resolver necesidades que te afectan.

40.

El mundo está lleno de oportunidades. Son NNR proactivas. Pero tu mente no puede acceder a ellas. Porque no está preparada para ir a lo desconocido. Donde habitan las oportunidades.

39.

Los líderes saben "por qué". Una solución que viene de una necesidad te permite comprender "por qué". Una persona que trae al mundo soluciones basándose en necesidades no sólo es un innovador. Es un líder.

38.

Si desde arriba, sean directivos o políticos, tratan de implementar algo nuevo, nadie de abajo lo apoyará. No entienden "por qué" deberían apoyarlo. Sin embargo, si llevas a esas personas en un viaje en el que detectan necesidades no resueltas y sacan la solución, será SU solución. Y matarán porque se implementen. Siendo la Necesidad No Resuelta el "por qué", es fundamental partir de ella.

Cuando tengas una idea, antes de lanzarte a desarrollarla haz el siguiente ejercicio:

a. Aíslala, déjala a un lado.

b. Reconoce el ámbito o territorio de la idea.

c. Busca las Necesidades No Resueltas de ese ámbito a través de la innovación K*Órdica.

d. Utiliza la metodología Grasshopper NRS® para obtener la solución.

e. Compárala con tu idea. Verás que puedes pivotarla o te la habrá validado. Pero lo importante es que ahora parte de la Necesidad y no al revés.

Sigue para coleccionar más semillas...

Salto 5

El sistema NRS (Necesidad- Reto – Solución)

SALTO 5.
El sistema NRS (Necesidad - Reto – Solución)

Si tratas de imponer un cambio desde arriba no funcionará. Los de abajo no entenderán "por qué" hay que llevarlo a cabo, se aferrarán a la comodidad de lo conocido y no llegará a ninguna parte.

Sin embargo, si llevas a las personas de la organización a detectar Necesidades No Resueltas, y a través de un Reto generan una nueva Solución, funcionará. Porque será "su" solución. Comprenderán que "su" solución va a ayudar en una necesidad que ellos mismos han detectado. Es el sistema NRS, Necesidad - Reto – Solución.

Debemos partir de Necesidades No Resueltas reactivas (problemas) o proactivas (oportunidades). Para llegar a ellas, la metodología Grasshopper® que presenté en mi anterior libro desarrolla un sistema a través del Posicionamiento de Innovación K*Órdica que hasta el momento ha conseguido que surjan de media 7,5 NNR por cada participante de las dinámicas que he impartido. Pero lo más importante es que TODOS han encontrado NNR de su empresa, ciudad, organización o de su vida personal.

La NNR es muy heterogénea. Muchas veces parece imposible que salga la solución, ya que algunas llevan años ancladas sin viabilidad. Pero el sistema NRS de la metodología Grasshoppper ha logrado que el 100% de las Necesidades hayan tenido una solución viable. Unas respuestas que han nacido de personas de toda condición y preparación. Con estudios y sin estudios. Con más o menos cultura. Porque las respuestas están en otro sitio donde sólo las personas podemos acceder.

Cuando arrancamos y terminamos las dinámicas Grasshopper NRS® solemos grabar el *check in* y el *check out* de cada participante. Es interesante ver cómo personas que llegan destruidas o tan metidas en las limitaciones de su cabeza que no pueden percibir las maravillosas oportunidades que hay alrededor, al terminar coinciden en comentarios "he sentido magia", "no puede explicarse", "jamás pensé que esto podría salir de mí", "llevábamos años trabajando en esto y el 80% de lo que ha salido es completamente nuevo". Meses después es común que nuestro equipo reciba llamadas de administraciones que nos preguntan qué hemos hecho en un municipio de menos de mil habitantes para que estén como locos pidiendo permisos para implementar soluciones, o recibir mensajes de participantes que nos cuentan cómo comenzar desde la Necesidad les ha cambiado el sentido de su vida. Es lo que más ilusión nos puede hacer, porque es nuestro propósito. Las personas como motor del cambio.

Así, una vez que eliges una Necesidad, el proceso para que salga la solución es crear un Reto. La solución debe surgir a la vez que creamos el Reto. A medida que se construye mejor el Reto, más clara sale la solución. Así que tienes que centrarte en construir bien el reto.

El Reto debe ser concreto, medible y evaluable. Es decir, "perder peso" no es un reto concreto, medible y evaluable. Dentro de un año preguntaremos "¿has conseguido el reto?" y dirás "aún no". Y dentro de 50 años seguiremos igual. Por otro lado, en cuanto pierdas un gramo ya habrías logrado el reto, pero quizá no es lo que buscabas. Sin embargo, "perder 5 kilos en 6 meses comiendo al menos el 90% de la cantidad de comida que ahora como" sí es concreto, medible y evaluable. Dentro de 6 meses verás en la báscula si lo has conseguido.

Para que salga la Solución, lo único que tienes que hacer es meter elementos que concreten más el Reto. En una de las dinámicas con personas desempleadas en un pueblo de Andalucía, surgió una Necesidad No Resuelta, "recuperar el oficio de cestero". Se trata de una ocupación muy famosa antaño que prácticamente ha desaparecido, ya que los utensilios de cestería fueron sustituidos por otros modernos más baratos fabricados en países como China. El Reto podía haber ido por dar clases en el pueblo para que turistas vinieran a aprender. No está mal, pero no es muy innovador. Sin embargo, el reto llevó por un lugar inesperado: "cómo conseguimos que 1.000 personas aprendan a hacer cestos como se hacía tradicionalmente desde cualquier parte del mundo en 2 años". Este reto concretándolo más llevó a meter un reto "a través de un kit donde recibes el material para hacerlo y unos videotutoriales para que puedas hacerlo desde tu casa". La solución prácticamente es el Reto, lo que hace que sea perfecto desde el sistema NRS. Si, además, le sumamos la Necesidad de muchas personas del primer mundo de prevenir el alzhéimer, podemos adecuar la técnica a que, además, sirva para esa

Reto = Solución

prevención. Y así podríamos ir sumando NNR que darían nuevas concreciones al Reto y que harían que la solución sea una innovación contundente.

Si antes de comenzar la dinámica le hubiera dicho a estas personas en situación de desempleo "tengo una idea muy buena para que pongáis en marcha" y se lo cuento, ¿qué hubiera pasado? Que no lo hubieran acogido como suyo y nunca hubieran intentado implementarlo. Sin embargo, si ellos detectan la necesidad y través del reto generan la solución, es "su" solución, comprenden el "por qué".

Muchas personas me escriben, especialmente cuando trabajan con la metodología Grasshopper® personal, para decirme que no comprenden la diferencia entre reto y solución. Yo les respondo "entonces, lo has hecho perfecto". Solución y reto van dc la mano. Sin método NRS la mente trataría de buscar una idea para solucionar la necesidad. Pero las ideas están en lo conocido y si la necesidad es una NNR (Necesidad No Resuelta), significa que lo conocido no ha funcionado hasta ahora. Por eso el sistema NRS está preparado para las necesidades que no se han conseguido resolver hasta ahora.

En todas las dinámicas alguien dice "esto no lo pongas porque es imposible de solucionar" y yo o el facilitador Grasshopper® les dice "adelante, escríbela que luego tú y el equipo sacaréis una solución". Unas horas después parece increíble pero tienen la solución. SU solución.

Igual sucede cuando dos personas de diferentes ideologías o ideas se juntan. Como vemos en el Salto 10, tú estás preparado para defender tus ideas o ideologías. Por eso es muy difícil llegar a puntos de acuerdo. Sin embargo, si alguien que piensa diferente a ti te plantea su necesidad y tú la tuya, podréis llegar a soluciones comunes generando un reto concreto, medible y evaluable que aglutine las dos necesidades. Es tan sencillo que te parecerá magia.

El flujo detrás del sistema NRS es primero detectar la Necesidad, después armar el Reto, y como consecuencia de la concreción del reto, obtener la Solución. Cuando terminamos, el flujo cambia y podemos verlo:

Reto: ---------------------"QUÉ voy a hacer"
Solución: -----------"CÓMO voy a hacerlo"
Necesidad: ---"POR QUÉ" voy a hacerlo"

Así conocemos **EL QUÉ, EL CÓMO Y EL POR QUÉ.** Por eso construimos una plataforma tecnológica que llamamos **WhyBoard NRS®** (plataforma del por qué), donde recoge las necesidades, retos y soluciones y los vincula. Como veremos en el Salto 8, esta información llevada a una IA cerrada, que sólo se nutra de esta información que ha salido desde personas, es la que ayudará a las personas a obtener un valor tangible, sano y real de la IA. Se trata de IA funcionando basándose en Data de personas. Porque lo importante es la data que se obtiene del proceso NRS.

Debemos cambiar el sistema de las ideas por el sistema necesidad – reto – solución. Porque podemos tener una sociedad y unas organizaciones llenas de líderes. En la segunda parte del libro vas a poder comprobar cómo funcionaría el sistema NRS en diferentes áreas político-sociales que nos afectan a todos.

36.

Confía en el sistema **NRS**. Todas las personas hasta ahora han sido capaces de reconectar, detectar *Necesidades No Resueltas* y encontrar la solución. El sistema **NRS** es un cambio de mentalidad. Puedes utilizarlo en tu trabajo, en tu ciudad, en cualquier comunidad o en tu vida privada. Va a funcionar **siempre**.

35.

Cuando empieces a funcionar con el sistema **NRS** las ideas ~~no~~ tendrán sentido. Comprobarás que los demás te dirán "*qué buena idea*". Pero no caigas en la tentación de hacerla tuya y cuentes sólo la solución. Arranca por la Necesidad e intenta que los demás hagan el mismo proceso de *Necesidad – Reto – Solución*. Sólo así tendrás seguidores y aliados para implementarla.

34.

Recuerda que la clave es hacer *bien* el reto. Si quieres una solución de más valor, concreta más el reto. Mete nuevos elementos de concreción y verás el resultado. Se pueden agrupar varias *Necesidades* para encontrar una solución a todas. Si lo consigues será una solución especialmente valiosa. Si no puedes armar el reto, es porque no se pueden agrupar esas *Necesidades* y tendrás que buscar la solución independiente de cada una.

33.

Arranca desde la necesidad. Si quieres vender algo, descubre su Necesidad No Resuelta y véndete como la solución. Normalmente intentamos vender la idea y lo único que hacemos es contarle "nuestra" necesidad (vender).

32.

En el libro *El Kybalión*,* hay una ley que dice “como es arriba es abajo”. Se trata de la ley de correspondencia. Creo que a toda Necesidad No Resuelta hay al menos un Reto y una Solución. No falla. Está ahí en la zona de creación. Lo único es que hay que saber cómo llegar a ellas.

Sigue para coleccionar más semillas...

* El *Kybalión*, libro de máximas originales, axiomas y preceptos formuladas por Hermes Trismegisto, considerado por algunos como el Maestro de los Maestros, padre de la sabiduría, fundador de la astrología, el descubridor de la alquimia, deificado por los egipcios bajo el nombre de Tot, que posteriormente rescataría William Walter Atkinson.

Salto 6

No disparen al pianista que dan al innovador. Quién y por qué te ataca por ser innovador

SALTO 6.
No disparen al pianista que dan al innovador. Quién y por qué te ataca por ser innovador

Cuentan las crónicas de la época que en el lejano oeste americano había un cartel en la mayoría de los salones que decía "por favor, no disparen al pianista". El pianista era una persona con una cualidad difícil de encontrar en aquella tierra, que alegraba los momentos de ocio de buscadores de oro, vaqueros, soldados, comerciantes, cazadores o jugadores de cartas. Todos armados. Todos buscando cambiar su oro por lo segundo más codiciado, el whisky. Así que cuando se daban las célebres peleas del oeste, entre la bebida y que debían de tener peor puntería de la que creemos, era muy habitual que el pianista saliera mal parado. Eran... daños colaterales.

Innovación no es más que el resultado del proceso creativo de un innovador ante un Necesidad No Resuelta: Una persona reconecta con su espíritu responsable, creativo e innovador. Olvida las ideas y llega a la Necesidad No Resuelta. A través de un proceso creativo genera una nueva solución que no copia, no existe. Luego hace un plan para implementarlo. Aprende a contarlo. Busca financiación para algo que nadie ha hecho antes ni puede ser visto en otro lugar. Lo implementa. Y si tiene éxito, la innovación, el resultado de ese proceso creativo, ataca y muchas veces "mata" al innovador. Por nada personal... es un daño colateral.

No hay "innovación" sin innovador. Esto va de personas. Pero tendemos a confundir dónde está el valor. Un ejemplo es cómo se confunde "innovador" con "emprendedor". Como un huevo a una castaña. Así se parecen.

- ***Primero***, un emprendedor copia o utiliza respuestas aprendidas para crear modelos de negocio rentables. El innovador no copia, sino que genera nuevas respuestas. Implica que su proceso de creación es diferente, ya que no tiene referencia de otros.

- ***Segundo***, a la hora de buscar financiación, el inversor huye de riesgos, por lo que es más fácil para el emprendedor obtenerla. Además, el innovador tiene que vender más retorno económico para que su propuesta sea atractiva para inversores acostumbrados a modelos más seguros.

- ***Tercero***, si el innovador va a reinventar algo, tiene que ser con impacto social y medioambiental positivo. No tendría futuro su iniciativa si no conlleva un beneficio social, porque el mundo no va a cambiar las respuestas para seguir con los problemas sociales y medioambientales actuales.

- Y hay una ***cuarta*** diferencia que impide que los innovadores se desarrollen: el ecosistema emprendedor protege y apoya a sus miembros, en tanto que el innovador es atacado por el ecosistema de innovación resultante de su proceso creativo.

Sí. Ninguno se libra. Como innovador, serás atacado por:

La Administración pública Cuando la administración tiene que hacer cambios normativos para adaptar la innovación, antes ataca al innovador, bien porque no comprende la naturaleza y valor de la nueva propuesta, bien para tratar de evitar potenciales conflictos con el *statu quo* de productos, servicios o procesos que la innovación desplaza.

Todos hemos usado la radio FM. Edwin Howard Armstrong la patentó en 1933 consiguiendo un sonido mucho más claro y libre de parásitos atmosféricos que los de amplitud modulada (AM). Sin embargo, la Comisión Federal de Comunicaciones (FCC), presionada por la Corporación de Radio de América (RCA), cambió la asignación de frecuencias dejando a todos los sistemas FM sin uso, retrasando décadas su implantación. Envuelto en largos y costosos pleitos, Armstrong se suicidó el 31 de enero de 1954 saltando por la ventana de su apartamento.

Las administraciones deben volverse innovadoras desde las personas que las componen, para así, lejos de ser un obstáculo y dejarse intimidar por el *statu quo* que debe evolucionar, facilitar el cambio y potenciarlo.

El dinero que tiene miedo por naturaleza **Es decir, fondos de capital riesgo e inversores**. Éstos quieren la innovación, pero no al innovador que vive más cerca de la creatividad del caos y piensan que genera más riesgo en el retorno.

"Mantente hambriento, mantente alocado" diría Steve Jobs veinte años después al recordar lo que consideraba la gran puñalada, su salida de Apple en 1985 empujado por sus inversores. Volvería después a una compañía en quiebra para lanzar productos que han cambiado la humanidad.

Antes, en 1886 Nikola Tesla fundó su propia compañía, la Tesla Electric Light & Manufacturing, pero los primeros inversores no estuvieron de acuerdo con sus planes para el desarrollo de un motor de corriente alterna y finalmente lo acabaron echando de su propia compañía.

Hoy día son demasiado comunes los casos de inversores que entran en el accionariado de una *start-up* impulsada por un innovador, meten su equipo directivo y después la llevan al abismo para crear un clon y continuar con el mismo proyecto sin el innovador que encontró la solución a la necesidad no resuelta. O una corporación que entra en una compañía innovadora para terminar sacando al innovador y quedársela a un precio muy bajo.

Hay que proteger al innovador porque los inversores lo verán como el que tuvo "una idea feliz", y no lo comprenderán ni valorarán. Es necesaria una nueva cultura de inversión y unos fondos especializados en este tipo de iniciativas al igual que se hizo con la inversión en proyectos de impacto.

Los que copian Tratan de anular al original por dos vías:

Una, quedándose las patentes como las disputadas por el juego del Monopoly en las que un tribunal de apelaciones revocó la mayoría de las patentes de Hasbro al argumentar que el juego no era el original, ya que existía desde que Elizabet Magie lo creara en 1904 bajo el nombre de "The Landors Game". Pero esta sentencia llegó en 1985. Igual sucede con las disputas Graham Bell con Alisha Gray por el teléfono. La lámpara incandescente de Thomas Edison que patentó en Estados Unidos era prácticamente igual a la que tenía Joseph Swan en Reino Unido. Tesla trabajó y transmitió señales de radio de larga distancia antes que Marconi solicitara la patente en Estados Unidos. La historia está llena de injusticias en cuanto a invenciones. La "guerra de las corrientes", donde Edison trató de desacreditar a Tesla en todos los ámbitos para imponer su corriente continua frente a la corriente alterna, nos enseña cómo muchos, para alcanzar el reconocimiento social, atacan al verdadero innovador.

Dos, en el mundo de las *start-ups*, bajo la cultura del "unicornio", se copia con orgullo confiando que la mayor financiación complicará la viabilidad del original. Ya que, como veíamos, el innovador tiene más difícil acceso a financiación por el riesgo. Pero una vez demostrada la viabilidad no se vuelve a su favor. Ya que el inversor prefiere invertir en una nueva compañía que copie al original pero con emprendedores que pueda comprender y controlar. Los emprendedores del unicornio.

Aquí os dejo algo que escribí desde lo más profundo cuando descubrí la realidad de intentar ser innovador en nuestro tiempo:

Si quieres ser innovador

Si quieres ser innovador tendrás que luchar. Tendrás que luchar contra todos los que defienden lo conocido y no quieren que cambie. Tendrás que luchar contra el mundo de las ideas y las ideologías. Tendrás que luchar contra la administración y los poderes públicos que defenderán con ahínco el statu quo. *Tendrás que luchar contra inversores que no querrán arriesgar su dinero y terminarán quitándote la innovación para hacerla una idea más. Tendrás que luchar contra tus propios empleados que serán tentados por la codicia de hacerse con la innovación y ya no te admirarán como innovador. Tendrás que luchar contra los que te querrán copiar y para competir irán primero a por ti. Tendrás que luchar contra el agotamiento, la duda, el dolor. Porque cada golpe dolerá. Porque no estará tu patrimonio en tu innovación, estará tu energía, tu ser.*

Pero si aún quieres ser innovador, cuando mueras sentirás y te llevarás algo que de otra manera no tendrás. Habrás dejado algo nuevo en este mundo que todos los que te atacaron, los que lucharon contra ti, utilizan. Te irás agotado, pero satisfecho con tu vida, con la sensación de irte cumplido, y te darás cuenta de que el dolor y la fatiga eran parte del camino de la innovación, de traer algo nuevo. El camino que Tú elegiste en esta vida.

Toca construir un “ecosistema del innovador” para protegerlo. Porque el innovador:

- Parte de una necesidad no resuelta. Que una idea solucione una necesidad es una casualidad si no ha partido de ésta. Por eso el innovador arranca de necesidades y no de ideas.

- Es capaz de encontrar una nueva solución que resuelve la necesidad fuera de las respuestas conocidas o que ya se implementaban. Por tanto, lo que va a buscar a través de un proceso creativo son nuevas respuestas que no existían o no se estaban aplicando.

- Hace la nueva solución medible. Si no lo es, no podrá saber si ha solucionado la necesidad no resuelta. Por tanto, traerá un mecanismo de medición de resultado por el que conoceremos el impacto.

- Se preocupa porque la solución genere impacto social positivo. Para él, la innovación es una nueva respuesta que afecta a lo establecido. Por ello, debe generar un bien común a todos, debe suponer un granito de arena que mejore social o medioambientalmente el mundo. Comprende que, si solo genera beneficio individual o para unos pocos, no va a activar la inteligencia colectiva necesaria para que se implante la solución.

- Se asegura que tenga futuro. Que no sea un parche que soluciona un problema puntual. Que sea posible implementarlo para resolver ese tipo de problemas a futuro.

Es decir, el resultado de su proceso creativo es la solución a una necesidad no resuelta por las respuestas anteriores, es medible, genera impacto y tiene futuro. Entonces lo llamamos "innovación". Y al motor del proceso, "innovador". Ahora sólo falta que no matemos a esos individuos de tan alto valor para la sociedad. Porque no habrá "innovación" si no cuidamos al "innovador".

El innovador necesita reconocimiento social como parte de nuestra cultura. Porque no hay innovación sin innovador. Pero en este momento, como en el lejano oeste, es un daño colateral de la propia innovación. Un "ecosistema del innovador" garantiza en la región o comunidad que lo tenga individuos que aportan valor a la sociedad. Como dijo J. Schumpeter, los territorios se desarrollan dependiendo del número de individuos innovadores que tengan.

No se necesita aprender a ser innovador. Al contrario, necesitas desaprender las capas que impiden que estés en contacto con el espíritu responsable, creativo e innovador con el que naciste. Viniste al mundo siendo un innovador y sigues siéndolo en potencia. La capacidad de encontrar respuestas inesperadas sigue dentro de ti. Pero comprendo que no te compense sabiendo que serás atacado. Hasta que empecemos a desarrollar ecosistemas para el innovador y entremos en una nueva época. La Era del Innovador.

31.

Hay tres reglas para el innovador: quiérete por encima de todas las cosas, confía en Ti, lo que Tú pienses de ti mismo vale más de lo que piense cualquier otro. Si eres innovador, serás atacado. Cuando intentes cambiar el *statu quo*, el sistema se defenderá. Serás zarandeado, vilipendiado, estafado y hablarán mal de ti para que no puedas defenderte. Irán a por ti personalmente y pondrán en duda tu valor. Envidia, miedo y codicia se mezclan en las personas que ven que Tú haces algo nuevo, fuera de lo establecido. Por eso no podrás de una manera sana gritar a los cuatro vientos lo que sientes al cambiar el mundo. Tú única defensa será no dejar de quererte, confiar en Ti y en lo que Tú opinas.

30.

En 2017 tenía la firme convicción que los ODS sólo funcionarían si llegaban a las personas. Diseñé y creé el primer sistema de reporte no financiero automático (SaaS) para empresas basado en personas. Algunos de los inversores junto con empleados que ellos habían introducido buscaron matar la empresa para constituir una nueva empresa clon y desarrollarla ellos. Simplemente me dijeron que "no había pasado un *background check*" de unos nuevos inversores y me dejaron noqueado porque consiguieron que pusiera en duda mi valor. No supe o pude reaccionar y perdí la empresa. Curiosamente unos meses después me encontré con un amigo al que le había pasado exactamente lo mismo, con algunos de los mismos inversores. Recuerda Tu valor para que no te pase igual y no dudes de Ti jamás.

29.

Tú vales lo que decidas que vales. El que copia trata de rebajar tu valor para que el suyo suba respecto a ti. En realidad, todos valemos lo que sentimos que valemos. El sentimiento viene del pensamiento. El que copia necesita tirarte y Tú necesitas recordar que vales porque así lo decides. De hecho, vales lo que tú pienses que vales, no lo que los demás digan.

28.

Todo fluye. Perder aquella compañía a la vez que vender LOOM, una de los más grandes *coworking* en España, me permitió tener tiempo para escribir mi primer libro, publicar la metodología, ponerla en práctica y de una manera natural crear un sistema de regeneración social y medioambiental basado en personas. Cuando algo está para Ti, llegará. Lucha por la parte económica o tus derechos, pero la misión, el propósito, si está para Ti, llegará de otra manera.

27.

De nuevo, lo importante es lo que TÚ piensas, no lo que los demás piensan de ti. Tus sentimientos vienen de tu pensamiento (no te pones triste porque tu perro haya muerto hasta que te enteras de que ha muerto, te pone triste lo que te dices de lo que ha ocurrido). Por tanto, si quieres controlar cómo te sientes, controla lo que piensas y no dejes que lo que otros piensan te controle. Esto no es mío, es tan antiguo que no sé a quién citar. Pero para un innovador es innegociable. Sin este concepto no puedes innovar, porque de salida todos te llamarán "*hippie* fumao".

26.

Emprendedor e innovador no es lo mismo. Si quieres ser emprendedor, es perfecto. Serás sin duda un ser útil para la sociedad. Pero si quieres ser innovador tienes que encontrar una solución a una Necesidad No Resuelta. Si la pones en marcha y es una empresa, serás un emprendedor-innovador. Pero no olvides dónde está el valor superior.

25.

Recuerda buscar impacto en la sociedad y el planeta en todo lo que hagas. Si no generas beneficio social no tendrás apoyo de la comunidad. Calcula el Beneficio Social Neto que estás consiguiendo y demuéstralo.

24.

Cuando en 2006 estábamos cocreando HUB Madrid (actual Impact Hub), salió de una manera natural la fórmula para que un *coworking* funcionara: "espacios mágicos, comunidad vibrante, programación inspiradora". Con el tiempo se llevó a todos los Impact Hubs del mundo. Cuando en 2015 mi hermana y yo fundamos LOOM, las personas que trabajaban en Impact Hub Madrid nos hicieron sentir como si nos aprovecháramos de esa fórmula que nosotros mismos (entre ocho personas) habíamos creado. Gente que no había estado en el momento de salir de lo conocido, de apostar por lo nuevo, de jugarse el patrimonio personal defendía un nuevo *statu quo*. Decían defender los valores de romper barreras al flexibilizar los espacios de trabajo, sin darse cuenta de que ya estaban creando unas nuevas. Sí, muchos acogerán tu innovación, pero todos te atacarán como innovador.

Esto de innovar va de quererse a uno mismo. Porque si va mal, todos desaparecerán de tu lado. Y si va bien, se convertirán en reclamadores de valor. Incluso ese que veías tan desapegado, que estaba contigo por cambiar el mundo, ése también reclamará más valor para sí mismo.

Sigue para coleccionar más semillas...

Salto 7

No necesitamos unicornios, necesitamos saltamontes. La Era de los Ecosistemas de Innovadores

SALTO 7.
No necesitamos unicornios, necesitamos saltamontes. La Era de los Ecosistemas de Innovadores

Para J. Schumpeter (1888-1950), economista austroestadounidense, el principal objetivo del empresario debería ser innovar. Según su teoría, el sistema económico tiende a estar en una situación de equilibrio en la que los ingresos de las unidades económicas de producción son iguales a los costes de producción más el salario del empresario. Esto se denomina beneficio ordinario. Cuando el empresario introduce innovaciones, como por ejemplo la comercialización de un nuevo producto, se altera la situación de equilibrio anterior, provocando una situación de progreso económico en el que existirá un poder de monopolio temporal, obteniéndose unos beneficios extraordinarios hasta que la imitación de otras empresas vuelva a restablecer el equilibrio. Pero en todo este proceso, Schumpeter sitúa al empresario como función principal y característica del progreso técnico que genera el desarrollo económico y los avances sociales. Es decir, el desarrollo de las sociedades está ligado al número de empresarios innovadores que ésta tenga.

Aunque creo que más de cien años después la definición de "innovación" e "innovador" debe evolucionar, Schumpeter ya apuntaba que hay tres grandes barreras para el empresario innovador: primera, la innovación en sí no copia, por lo que es más difícil gestionar lo desconocido. Segunda, la tendencia personal de volver a lo conocido por comodidad y, por último, las presiones de tipo social a las que se enfrenta el sujeto que deja de "nadar en sentido de la corriente". Como indica Schumpeter en su obra más influyente *Capitalismo, socialismo y democracia*, "las manifestaciones de desaprobación pueden traer al punto consecuencias. Pueden provocar ostracismo social y, por último, obstáculos físicos o incluso ataque directo".

Schumpeter menciona constantemente la importancia del "individuo innovador" como agente clave que impulsa el cambio y la dinámica económica. En la "destrucción creativa" son capaces de destruir viejos métodos para crear espacio para lo nuevo y el progreso económico. Es decir, cuantos más individuos innovadores haya en una sociedad, mayor será el potencial para el cambio y el progreso económico y social.

Sin embargo, al igual que en muchos países se ha desarrollado legislación para impulsar, proteger y crear grandes ecosistemas de emprendedores, no ha sido así para proteger a los individuos innovadores...

Silicon Valley fue creado por innovadores. Por ejemplo, en 1957 ocho ingenieros entre los que estaban Robert Noyce y Gordon Moore fundaron Fairchild Semiconductors creadora del primer chip que daría una gran ventaja tecnológica a EE. UU. Pero, además, ante la necesidad de financiación, buscaron inversores externos que proporcionaran capital en forma de acciones de la compañía, articulándolo como la primera operación de capital riesgo en la industria tecnológica (1958). GE, Kodak o HP al principio, Apple más adelante, Google, Netflix, Facebook en este siglo. Nace así una cultura de generar nuevas soluciones ante los retos de cada momento, independientemente de su naturaleza.

Durante numerosos años estos ecosistemas se nutrían de visionarios, espíritus con empuje que encontraban una necesidad en el mercado y trataban de cubrirla. Surgían de una manera espontánea modelos creativos para sacar adelante los proyectos, y era un equipo genuino el que marcaba el camino al éxito. Tenían un propósito compartido.

Sin embargo, en torno a 2013 comienza a hablarse de unicornios para definir las *start-ups* que llegan a valoraciones de más de mil millones de dólares. Ser un unicornio se convierte en el gran objetivo de los emprendedores. Y para lograrlo comienzan a estandarizar e implementar respuestas preaprendidas para todo: Design Thinking o Lean Start-up para crear tu modelo; técnicas de generación de *leads*, captación de usuarios, retención, *lifetime value*... Todo se centra en "Business Intelligence". En todos los grandes ecosistemas se unen emprendedores, inversores, escuelas de negocios, universidades y Administración pública bajo la misma cultura del unicornio.

Creo, sin embargo, que no necesitamos unicornios. Llegar a valer mil millones no debe ser la principal motivación al arrancar una *start-up*. Resolver una necesidad, sí. Los ecosistemas que no tengan el propósito compartido de resolver necesidades, desaparecerán. El propio

The New York Times, en un artículo de Kevin Roose, habla de "el fin de Silicon Valley desde Silicon Valley". Porque, por ejemplo, ¿qué nuevas soluciones en la pandemia han partido del lugar donde más recursos y talento emprendedor se concentra? ¿qué parte queda para la creatividad que desbordaba ese valle hace quince o veinte años? Poca. Comienza a no haber lugar para procesos nuevos que generen respuestas inesperadas. Su "por qué", como diría Simon Sunek, es levantar capital, ganar dinero, ser un unicornio, hacer un "exit". Silicon Valley se convierte en el lugar con el *know how* más importante para crear, gestionar y financiar *star-ups* de emprendedores, pero no para encontrar nuevas respuestas o para reinventar los modelos sociales y económicos.

Alex Lazarrow en su ensayo *Out-Innovate: How Global Entrepreneurs—from Delhi to Detroit—Are Rewriting the Rules of Silicon Valley* defiende que el mundo de la innovación y emprendimiento necesita reinventarse, pero el epicentro desde dónde sucederá es difuso. En mi opinión, no será un único lugar. Serán ecosistemas líquidos que podrán desarrollarse desde cualquier lugar.

Nace así la gran oportunidad de crear nuevos ecosistemas locales de innovadores-emprendedores interconectados por personas, porque:

1. *Hacerlo supone dar ejemplo: innovar, no copiar. Si se hace bien, ya vendrán otros a imitarlo.*

2. *Se puede crear de cero, evitando la resistencia al cambio de lo establecido.*

3. *Son perfectos escenarios para pruebas de concepto que luego se exporten al mundo entero.*

4. Es más fácil conseguir los apoyos que cada proyecto necesite.

5. El impacto y repercusión local es mayor, conectando e ilusionando a la ciudadanía.

6. Los inversores locales no tendrán que ir a las grandes capitales para encontrar proyectos punteros donde invertir.

7. Generará un "efecto llamada" a innovadores de todo el mundo que se sentirán atraídos por un ecosistema específico para ellos. Más ahora en un entorno de espacios de trabajo líquidos donde casi todos somos Nómadas Digitales que podemos trabajar desde donde decidamos.

¿Cómo se crea un ecosistema de innovadores-emprendedores local? Aunque cada región es diferente, aquí algunas claves:

I. Hacer lo posible para que la administración local comience a entender el valor de los innovadores y no los ataque.

II. Atraer Nómadas Digitales de todo el mundo para generar una extrapolación de procesos de creatividad e innovación. Para entrar en contacto con nuevas maneras de pensar, conocimiento, clientes, proveedores y formas de trabajar que se quedarán en el ecosistema local.

III. Crear suficientes espacios de trabajo flexibles, -*coworkings*- donde se puedan generar conexiones y una comunidad vibrante.

IV. Crear programación inspiradora que dé acceso a las últimas tendencias, procesos y avances en todos los ámbitos posibles.

V. Integrar una metodología para innovar que vertebre la creación de los nuevos proyectos. Que parta de la necesidad, no de las ideas, y ordene el proceso creativo para que las nuevas soluciones se implementen y generen resultados.

VI. Generar un sistema de apoyo financiero especial para innovadores, incentivando a inversores privados para que apuesten por proyectos que no copian, ya que, aunque generan más valor, tienen más riesgo.

VII. Generar reconocimiento social al innovador a través de un certificado o sello oficial. Una persona conectada con su espíritu innovador que detecta una necesidad y a través de un proceso creativo trae una nueva solución a la comunidad local y al mundo, es alguien valioso. Alguien a proteger.

VIII. Informar cuando un problema se ha resuelto. Es la mejor comunicación que se puede hacer.

IX. Involucrar a la ciudadanía para que se sume a la cultura del innovador, pues todos podemos innovar.

No, no necesitamos unicornios. Ahora más que nunca necesitamos personas innovadoras y sobre todo ecosistemas donde puedan desarrollarse. Innovadores que traigan las soluciones que el mundo necesita desde cualquier lugar.

22.

¿Has encontrado una nueva solución a una Necesidad No Resuelta que es medible, genera impacto y tiene futuro? Eres un innovador, pero el ecosistema preexistente, el mundo de las ideas y la gente que no quiere que nada cambie te atacará. Busca un ecosistema de personas como tú para desarrollarte. Trata de detectar otros innovadores, unirte, crear comunidad, generar programación que enriquezca a todos, volcar ese espíritu en otros.

21.

Como cualquier comunidad necesitará espacios mágicos, comunidad vibrante y programación inspiradora. Recuerda esta fórmula porque funciona para cualquier ecosistema que quieras crear.

20.

Si perteneces a alguna corporación pública, trata de promover un ecosistema para innovadores. Pero no intentes dinamizarla. Deja que sea la propia comunidad la que se gestione. Con la mejor intención los intentos públicos de crear ecosistema suelen quedarse sin autenticidad.

19.

Cuando un gobierno quiere hablar de "innovación" o innovadores hablan con universidades, parques científicos, tecnológicos, con burócratas... No esperes que hablen contigo como "innovador" porque no te entenderán. Si encuentras un lugar donde sí hablen de innovación desde las personas, donde hayan creado un ecosistema para innovadores, habrás encontrado tu lugar.

18.

Si vives en un entorno rural, piensa que estamos en una Era donde el salto del saltamontes de la innovación se da. Es decir, vengas de donde vengas, puedes dar un salto y liderar algo siempre que traigas una nueva solución a una Necesidad No Resuelta.

17.

Con la IA el conocimiento no es diferencial. Por eso los ecosistemas basados en tener centros de conocimiento perderán fuerza ante lugares donde la creatividad predomine.

Sigue para coleccionar más semillas...

Salto 8

Pensamiento crítico en la Era de la Inteligencia Artificial

SALTO 8.
Pensamiento crítico en la era de la inteligencia artificial

En 1485 el sultán otomano Bayezid II emitió un edicto que prohibía expresamente a los musulmanes utilizar en árabe un invento que estaba revolucionando la humanidad, la imprenta. La producción de libros continuó siendo realizada por escribas, copiándolos a mano hasta la primera imprenta sin censura del mundo árabe, en Egipto, impulsada por Napoleón Bonaparte en 1798. Trescientos años de prohibición para tirar la supremacía científica y cultural árabe de la Edad Media hasta niveles que aún hoy se perciben.

Las principales razones detrás de esta prohibición fueron el temor a que la difusión masiva de libros impresos pudiera socavar la interpretación religiosa oficial y la fuerza de presión de los copistas manuscritos y los calígrafos profesionales del Imperio otomano que se opusieron a la imprenta para que no afectara a su medio de vida. Esta oposición perduró hasta mediados del siglo XIX, cuando el Imperio otomano comenzó a adoptar y normalizar la tecnología de impresión.

Sí. Consiguieron evitar los problemas de religión que azotaron Europa entre los siglos XVI y XVII cuando la imprenta ayudó a la difusión de las ideas reformistas y permitió el acceso directo a la

Biblia en lenguaje vernáculo. Millones de muertos en guerras y persecuciones. Sí. Consiguieron salvar la profesión copista, desfasada pero importante para muchos en aquella época.

Pero la difusión del conocimiento, la educación y la investigación se vieron seriamente afectadas en el Imperio otomano por tener limitado el acceso a la información e intercambio de ideas, lo que dificultó seguir el desarrollo de otros lugares del mundo. Los académicos, científicos y pensadores tenían menos acceso a trabajos, estudios, conocimientos y avances científicos que gracias a la rápida reproducción de libros y textos tuvieron en otros lugares.

En los países que adoptaron rápidamente la imprenta como en Europa, se produjo una revolución intelectual durante el Renacimiento. La imprenta permitió una rápida propagación de ideas, conocimientos científicos y culturales, elevando la educación, la investigación y la innovación. La universalización de los libros generó un florecimiento en la cultura, la ciencia y el pensamiento crítico.

La prohibición perpetuó una dependencia de la tradición oral, con el riesgo de pérdida o deterioro de información, a diferencia de los textos impresos, que podían ser reproducidos fácilmente, preservados, cuestionados y mejorados desde una base cierta. La imprenta condujo al intercambio de conocimiento, difusión de ideas y una colaboración intelectual más efectiva durante el Renacimiento y la Edad Moderna. Limitó la participación del Imperio otomano en estos importantes desarrollos intelectuales y culturales generando una brecha en el desarrollo científico y tecnológico que ha perdurado casi hasta nuestros días.

En los siglos XVIII y XIX la mecanización de la Revolución Industrial generó cambios tan dramáticos en la forma de vivir y trabajar, que surgieron conflictos que durarían generaciones. Pero también sentó las bases de la forma que vivimos y trabajamos, con nuevas oportunidades económicas y sociales. Hubo así muchas personas que sufrieron por no poder adaptarse, pero otras encontraron nuevas realidades donde desarrollar un mundo nuevo. Y las regiones que supieron aprovechar la ventaja tecnológica gozaron de un mayor desarrollo.

Tim Urban, escritor, *influencer* y pionero crítico en Inteligencia Artificial, afirma que si trajésemos a un individuo de 1750 a 2015 sufriría un *shock* al no poder comprender la realidad que viviría. Imágenes de personas muertas en un cristal como si estuvieran vivos, otros hablando de un continente a otro, máquinas volando... le parecería brujería. Sin embargo, si llevásemos una persona del 1485 al 1750, no sufriría grandes sorpresas. Algún avance, pero no como para asustarse. Según su cálculo, para que se produjera un *shock* similar tendrían que llevar a 1750 una persona del 12000 a. C. antes de la revolución agrícola. Más de trece milenos en comparación con 265 años.

Sí, podemos estar en los albores de una singularidad descontrolada donde las capacidades de la inteligencia artificial, biotecnología, nanotecnología, genética, computación cuántica y otras áreas se combinen para cambiar la humanidad a algo que quizá no podamos reconocer desde nuestra percepción actual. Si sigue el patrón de la ley formulada por Gordon Moore en 1965 donde exponía que la capacidad de procesamiento se duplica cada dos años, lo que genera grandes avances en computación, da miedo. Sí, puede darse un punto hipotético en el futuro en el que la inteligencia artificial supere a la inteligencia humana y produzca un cambio drástico y dramático en la sociedad y la civilización.

Sin embargo, no tiene por qué ser así. Igual que la imprenta nos ha hecho ser quienes somos ahora, podemos utilizar correctamente los avances. Depende de nosotros. El camino es un cambio interno en las personas. Confiar en nosotros, cambiar conocimiento por pensamiento crítico y que la Inteligencia Artificial se nutra de data desde las personas.

Pero hasta ahora nunca hemos logrado confiar en **nosotros mismos**. El ser humano ha demostrado una profunda necesidad de un "*ente*" superior que lo ayude a estructurar su experiencia de vida. Un marco que guíe sus decisiones y evite la complejidad de la existencia.

Primero fue la religión. Desde que en los albores de la civilización comenzamos a utilizar la palabra, la religión nos ha servido para encontrar respuestas a las grandes preguntas de la vida. El origen del mundo, la naturaleza del bien y del mal, o el propósito existencial cobran sentido. Dejan de preocuparnos y podemos vivir más cómodos. Tenemos un marco moral y ético para la toma de decisiones individuales y comunitarias que alivian la carga de la incertidumbre y proporcionaron una dirección para las decisiones buenas o malas. Provocaron muchas guerras de religión, pero fueron organizaciones estables donde ubicarnos durante mucho tiempo.

Luego, las ideologías. A partir de la Ilustración y gracias a la imprenta, comienza el pensamiento para "cambiar ídolos por ideas". Con el tiempo las ideas desembocan en ideologías como nuevos entes de sentido y cohesión social. Nietzsche ensalza la necesidad de un sistema ideológico para que las personas no caigan en el nihilismo, la angustia existencial y la falta de propósito. Marx propone la ideología como guía para simplificar las decisiones que cada persona debe tomar. Sí. Cambiamos ídolos por ideologías. Volvimos a tener un soporte para no tomar decisiones individuales complicadas y delegarlo en nuestra ideología, que se encarga de defender lo que pensamos. Simplificamos de nuevo nuestras vidas al seguir directrices preestablecidas. También tuvimos guerras por ideologías.

Empezamos a trascenderlas. Porque *como veremos en el Salto 10*, ninguna idea ha sido nuestra. Siempre nos la ha dado otro. De pequeños nos enseñaron cómo pensar, actuar, en qué somos buenos, malos, y quién es el enemigo. Una programación del subconsciente que nos introdujo "nuestra" ideología. Ahora comenzamos a despertar y nos planteamos si realmente somos de alguna ideología.

Y ahora, la abdicación de nuestra toma de decisiones en la Inteligencia Artificial. Llegamos a la Era de la Inteligencia Artificial. Un cambio como el que provocó la imprenta. Con la llegada de la computación cuántica, ¿dejaremos nuestras decisiones en manos de una inteligencia superior? Nuestro pasado dice que sí. Estamos demasiado acostumbrados a que una religión o ideología piense por nosotros. Ahora dejamos que la IA nos empareje sentimentalmente, nos haga el diagnóstico médico, nos conceda préstamos, nos planifique la vida, nos diga qué leer, dónde comer, viajar, qué hacer, dónde invertir, cómo y cuándo somos más fértiles, dónde vivir, nos traduce y comunica sin importar el idioma, en breve conducirá por nosotros y resolverá nuestros litigios. Sí, llegaremos a confiar más en el criterio de una inteligencia artificial que en el de un juez humano que se equivoca con frecuencia.

Siempre hemos buscado ceder las decisiones complicadas en algún sistema o ente que nos quite el peso de la decisión. Todas nuestras responsabilidades innatas las hemos delegado. El voto en democracia no hace sino ceder responsabilidades sociales que tenemos a un tercero que luego podemos criticar y culpar. Una inteligencia que demuestre ser más efectiva podría proponer un sistema de gobernanza mucho más eficiente que el actual. Sin corrupción. Sin fallos de gestión. Con la máxima optimización. Sí, la IA puede ordenar un nuevo suelo que nos haga sentir cómodos.

*Escala de Innovación K*órdica*

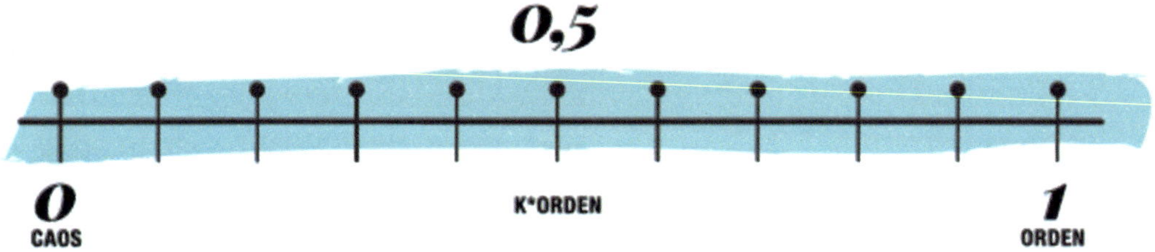

© Jose Almansa. Escala de Posicionamiento K*órdico

Pero la naturaleza no es sólo orden. La epigenética evolutiva ha necesitado el caos. Sin juzgar. No es el orden lo que nos ha mantenido con vida, sino el caos que ha permitido que nos adaptemos a las circunstancias variables de cada época. En una organización o comunidad sucede igual. La innovación, lo nuevo, está en el caos. El orden puro genera resultado, pero no permite la evolución y termina fallando.

Si aplicamos el Posicionamiento de **Innovación K*Órdica** (*"creatividad e innovación con resultado" como vimos en el Salto 3)* a las zonas geopolíticas relevantes, y trazamos la escala K*Órdica, donde el 0 es el caos absoluto y el 1 el orden absoluto, tendríamos:

Región posicionada en el 1, Orden absoluto: se intenta controlar todo. Se utiliza la regulación más absoluta para que no se escape el control. Se evitan situaciones indeseadas. Pero no se permite evolucionar, probar, equivocarse, por lo que sólo se utilizará lo que otros vayan creando o construyendo. No hay espacio para hacer nada nuevo en IA.

Región posicionada en el 0, Caos absoluto: no se regula, se permite que cada uno pueda hacer lo que quiera. Se pedirá perdón, pero no es necesario pedir permiso. Se permite a las iniciativas privadas que exploren sin restricciones para que pueda evolucionar lo más rápido posible. Sin control.

¿Dónde está posicionado cada país o región? Como ocurre en cualquier aplicación de la escala K*Órdica, estar en el 0 o en el 1 no es positivo. Porque en todos los aspectos se necesita caos y orden. El caos ayuda a evolucionar, a la adaptación constante a las nuevas tecnologías que impactan en nuestras vidas. El orden permite organizar los cambios para que sean positivos y evitar injusticias y situaciones poco convenientes.

Europa está más cerca del 1, del orden. Porque la cultura europea se centra en equilibrar los avances tecnológicos con los derechos fundamentales, la seguridad y la ética. Permite tener control y seguridad, pero evolucionar más despacio. Es probable que si Europa no se abre más al caos quede obsoleta y atrasada en los avances de la Inteligencia Artificial. Estados Unidos y China están más cerca del 0, del caos, aunque ni mucho menos en el 0 absoluto. Esto les permite ir más deprisa, romper las barreras, probar, equivocarse y avanzar con rapidez. Sin embargo, no está claro el mundo que están construyendo.

Estar posicionado no es un acierto o un error. La clave es saber y poder moverse en cada momento. Las regiones, quieran o no, necesitan reposicionarse constantemente en la escala. Viajar del caos al orden o del orden al caos. Crear lo disruptivo, pero luego ordenarlo para que sea útil a las personas y las sociedades. No tener agilidad entre caos y orden puede costar a una región quedarse en la irrelevancia y sufrir las consecuencias de las que sí saben hacerlo. No es tan importante la posición que tenga cada región, sino la habilidad para reposicionarse en cada momento. Esta característica pondrá en juego el liderazgo mundial y la fuerza de cada región. El caorden será fundamental para el futuro geopolítico que viene.

Como personas, el pensamiento crítico, despertar nuestra creatividad e intuición, ser más conscientes, valientes, perder el miedo a tomar decisiones, renunciar a la trampa de la justicia absoluta, poder perdonarnos si nos equivocamos, querernos sin condición, nos puede llevar a confiar en nosotros mismos. A aceptar nuestra naturaleza Caórdica y renunciar a la búsqueda del orden como ~~salvación~~.

El conocimiento *ya* no es un valor. ***El pensamiento crítico sí***. Como sostiene Adrián Díaz en su blog *Así se ve el futuro desde China*, la automatización hace variar los clúster productivos. Con la deslocalización a China de los años 90, se buscó producir más barato aun sacrificando servir rápido. La razón obvia, mano de obra más barata. Con la robotización y automatización de la producción vuelve a tener sentido producir más cerca de los países consumidores siempre que la "nueva mano de obra", es decir los robots, no sean gravados excesivamente. Es decir, se abre la oportunidad de crear espacios productivos automatizados y volver a competir industrialmente. Pero se habla de que uno de los factores principales de establecimiento geográfico será la política fiscal. Un ejemplo, si se crean tributos e impuestos de "seguridad social" a los robots, alejarán las inversiones porque es el nuevo coste de "mano de obra". En unos años produciremos muchos de los bienes de consumo desde casa con una impresora 3D muy avanzada, mientras los gobiernos innovadores aprovecharán la ventaja productiva automatizada.

¿Y las personas? ¿Qué hacemos con las personas desplazadas por la automatización? El cambio es imparable. No hay elección. La Inteligencia Artificial lo acelera todo. Hasta ahora las invenciones iban como en cadenas de bloque una encima de otra. Es decir, se trataba de una evolución de lo anterior. Estaban basadas en el "cómo" hacer las cosas. Ahora las invenciones se dan en paralelo y se superan entre sí sin dar prácticamente tiempo a ser rentabilizadas. El ritmo de cambios va a empezar a ser frenético.

Pero la Inteligencia Artificial nos iguala a las personas en las oportunidades. Un individuo que es capaz de crear una nueva solución partiendo de una necesidad no resuelta es un innovador. Pero ahora no necesita además ser un gran emprendedor, empresario, comunicador o gestor. Porque la Inteligencia Artificial puede hacer un plan de negocio, comercial, de marketing, los posts para RR.SS., un vídeo, la web o incluso modelos de gestión operativa. Lo diferencial ya no está en manos de los que han podido estudiar en las grandes escuelas de negocio. Está en las personas reconectadas con su espíritu responsable, creativo e innovador que generan soluciones a necesidades. El individuo y su pensamiento crítico es lo valioso, no su conocimiento.

Una persona que hace un proceso NRS, sabe ***"qué"*** va a hacer, su reto. Conoce ***"cómo"*** lo va a hacer, su solución. Sobre todo, conoce ***"por qué"***, la necesidad de la que partió. Es un modelo de pensamiento crítico en sí. Se trata de una Data de incalculable valor. Porque viene desde las personas. Si sobre la base de esta Data, construimos una IA que sólo tenga en cuenta la interpretación de las NRS detectadas por personas, estará haciendo evolucionar lo obtenido de personas. Es un concepto **IA People Data Based, una IA que sólo tiene en cuenta data DESDE las personas.**

Se trata de "Gemelos digitales humanos". Imagina que juntas a cuarenta ciudadanos. O empleados. O clientes. O cualquiera. Hacen un proceso *NRS* y tienes una foto de las Necesidades, Retos y Soluciones que ellos ven. Cuando se van, perdemos la oportunidad de seguir conversando con ellos. Sin embargo, si la Inteligencia Artificial entiende adecuadamente la data *NRS* y está limitada a esos datos (sin que busque y se contamine en internet), tendremos la posibilidad de seguir hablando con los ciudadanos aunque no estén presentes. Con su gemelo digital humano. Que tendrá, además, mayor capacidad deductiva e interpretativa. ¿Estamos sustituyendo a las personas? En mi opinión, no. Estamos sacando más valor a las *NRS* detectadas por ellos.

Es decir, la Inteligencia Artificial no es lo más valioso. Es la data de la que se nutre y las instrucciones que damos lo que permite dar una utilidad realmente positiva a esta gran revolución. Pero es un gran cambio. Y las grandes disrupciones generan miedo en la mente colectiva. Cuando un avance rompe el *statu quo*, tu mente dice *"cuidado, que esto no lo conozco", "cuidado, que no lo domino"*. Y te dará impulsos para que defiendas lo conocido. Has estudiado mucho. Te has esforzado. Lo has dado todo para obtener ese conocimiento que ahora la Inteligencia Artificial puede dar a cualquiera. Pero es momento para que desarrolles tu lado más creativo. Y consigas analizar información sin juzgar con la mente. Así llegarás al pensamiento crítico.

Hasta ahora vivimos con creencias que no discutimos. Bien por religión o por ideas preconcebidas que no ponemos nunca en duda.

Una idea no te deja ir más allá. Porque no la vas a cuestionar. Simplemente la utilizas y pones en práctica. Pero no estás preparado para criticar las ideas que te dieron. La Inteligencia Artificial supone una gran oportunidad para desarrollar el pensamiento crítico de las personas. Sí, la Inteligencia Artificial puede ser muy buena dándote respuestas para todo. Pero sólo Tú tienes la facultad de hacer una labor crítica de esa información y actuar u opinar en consecuencia.

La Inteligencia Artificial ha venido a nuestras vidas para **quedarse**. Podemos tratar de prohibirla como hizo el Imperio otomano o buscar una relación sana de utilidad con ella, con los límites que nos lleve el pensamiento crítico. Lo importante es que tú desarrolles esa nueva cualidad y tengas un nuevo aliado. El futuro no es la IA, son las personas.

16.

Los trabajos repetitivos dejan de existir. Si aún tienes dudas sobre tu trabajo, escribe en un papel tu trabajo en una semana. Si más del 70% es repetitivo, desaparecerá en breve. Busca tu lado creativo, dónde puedes aportar valor. Quizá antes no tenías tiempo para esas labores más creativas y la automatización lo permita. Genera un proceso NRS y busca soluciones donde la creatividad sea dominante.

15.

Desarrolla el pensamiento crítico. En un mundo donde todos tenemos acceso a la Inteligencia Artificial, el conocimiento ya no es diferencial. El pensamiento crítico sí.

14.

"Garbage in, garbage out" se dice a menudo en EE. UU. Si la información de la que la IA se nutre o la creatividad de quién le pide el resultado es basura, devolverá basura.

13.

Encuentra tu manera de engañar a la mente para acceder a la zona de creación. Ésa donde la mente no puede llegar. Así que apaga tu mente, que siempre ha buscado el conocimiento y lo conocido, y busca la zona de creación. Ésa donde conectan los artistas, músicos o bailarines. Ir a la universidad ya no es tan importante si lo que te imparten es conocimiento.

12.

Insisto, el suelo de creencias que cada uno debe construir tiene que estar basado en tres conceptos: no juzgo, me quiero más que a nada en el mundo, y confío en mí antes que en nada ni nadie. Pruébalo.

11.

No caigas en la tentación de estudiar la IA y aprender cómo funciona como siempre has hecho con todos los conceptos. Imagina desde tu lado creativo en qué te puede ayudar. Aunque no lo haya hecho nadie aún. Está todo por hacer.

10.

La IA compite con quien lo ha estudiado todo, con quien basaba su valor en el conocimiento. El ser creativo, teniendo a su disposición todo el conocimiento, será potenciado.

9.

Hay mucha creatividad en el Prompt. Un nuevo ser creativo en armonía con la IA nace, el que domina el "Creative Prompt".

8.

La computación cuántica será la que realmente acelere el impacto de la Inteligencia Artificial. Cinco años después de su introducción, el mundo será irreconocible a como es ahora. Prepárate para ese mundo donde sólo las personas con pensamiento crítico evolucionado serán valiosas.

Sigue para coleccionar más semillas...

Salto 9

Sostenibilidad desde las personas. El propósito de impacto y el sistema NRS-i

SALTO 9.
Sostenibilidad desde las personas. El propósito de impacto y el sistema NRS-i

Ningún país, ciudad, institución o empresa es responsable, creativa o innovadora. Las personas que las conforman, sí. Sin embargo, los Objetivos de Desarrollo Sostenible 2030 (ODS) son reportados principalmente en Naciones Unidas por los países. Cada país monitorea y reporta su progreso bajo unas directrices y marcos de datos y estadísticas que puede seguir. A pocos años de que llegue la fecha señalada, debemos ser conscientes de dos realidades.

La primera es aceptar que los ODS no van a funcionar. Porque su proceso de formulación y adopción es *top-down*. De arriba-abajo. Su creación, desde Rio 2012 comenzó desde arriba, con Naciones Unidas y gobiernos en el papel central. Luego se intenta desplegar a nivel nacional y local a medida que intenta involucrar actores como administraciones o empresas. Pero no se ha conseguido que personas como tú los hagas tuyos. No han nacido de Ti. No te has sentido partícipe ni cocreador. Si en tu empresa llega tu jefe y te dice que ha decidido que tienes que hacer algo, igual lo haces porque te pagan.

Pero si tú sigues un proceso en el que encuentras una necesidad y generas un reto y la solución a medida, entonces será Tu solución. Lucharás para que se ponga en práctica. No sólo porque te paguen. Entiendes "por qué" ha de hacerse, la necesidad que debe resolver.

Igual ocurre en el campo global de responsabilidad compartida. Las personas son el motor de la responsabilidad, sostenibilidad y del futuro. Un sistema por el que se dan los objetivos a la ciudadanía no va a provocar acción desde ésta. No entienden "por qué". Por mucho que haya charlas, que los políticos vayan con el pin, que el logo esté en todas partes. No. No ha partido de las personas. No lo vas a hacer tuyo.

En 2017 traté de impulsar una app que permitiera a los ciudadanos, a través de tres algoritmos, conocer cuál era su grado de contribución personal a los ODS. En el mismo proyecto creé el primer software *as a service* de reportes no financieros para empresas ante una normativa europea que obligaba a miles de empresas a reportar sin saber cómo hacerlo. Viví el ataque al innovador. A principios de 2019 los inversores decidieron que la app no era negocio y había que centrarse en el software de reportes no financieros. Creo que no conseguí transmitir bien "por qué" era tan relevante que las personas tuvieran una plataforma que las ayudara a comprender su contribución a los ODS y pudieran hacer sus propios pequeños retos. Me sacaron del proyecto, se llevaron el software y montaron otra empresa igual (pero sin comprender el sentido de la app abierta a la ciudadanía).

La segunda realidad, es que hay que promover algo nuevo. Se le atribuye a Einstein la frase "locura es hacer lo mismo una y otra vez esperando resultados diferentes". Después de los Objetivos del Milenio del 2000 y de los Objetivos de Desarrollo Sostenible de 2015, es momento de comprender que debemos crear un nuevo sistema de abajo-arriba, desde las personas.

Al igual que hoy se habla de sostenibilidad regenerativa para bosques y ecosistemas medioambientales, creo que este nuevo sistema debe venir por el concepto de **"propósito de impacto"**. Los ODS estaban pensados para no cargarnos el planeta, pero llegamos al punto de no retorno. Debemos encontrar cómo regenerarlo. Una vez más debemos confiar en la persona y el propósito personal, de comunidad, de ciudad o país. Pero partiendo del individuo.

El propósito de impacto consiste en que cada persona participe en la creación de los retos personales, de su comunidad u organización que puedan ser seguidos y medidos desde el propio individuo. Que participe en la creación de los retos concretos, medibles, evaluables, sienta que es cocreador de la solución y comprenda la necesidad que el reto cubre.

Es el sistema NRS pero en diferente orden y con la "i" de impacto:

- Reto *(propósito), (qué)*
- Solución *(cómo)*
- Necesidad *(impacto) (por qué)*

Venimos de una gran ola desde principios de los 2000 sobre Responsabilidad Social corporativa y sostenibilidad. Al amparo de estos conceptos se han creado miles de consultoras, agencias, asesores, nuevos puestos de trabajo, certificados, asignaturas, docentes, discursos políticos, sociales y empresariales. Sin embargo, más de veinte años después, en 2023 la Comisión Europea estima que, en este continente, el 53% de las afirmaciones ecológicas brindan información vaga, engañosa o infundada y que el 40% de los mensajes no se sustentan en pruebas.

El mundo no siempre evoluciona, y presenciamos cómo el *greenwashing*, o las prácticas que dan una imagen falsa del compromiso con el desarrollo social y el medioambiente, provoca pérdida de confianza e ilusión. Muchas consultoras o agencias tan comprometidas cambian su *core business*, muchos que antes abanderaban los ODS buscan el nuevo *hype* al que subirse, y toda la industria alrededor de la sostenibilidad se tambalea. Porque no había autenticidad, no había propósito compartido real.

Pero lejos dc ser un problema es una realidad. Hasta esta desbandada de salvadores del planeta, era muy difícil discernir lo real de lo impostado. Los que creen de verdad en la necesidad de regenerar el planeta y las reglas sociales, seguirán y se les escuchará mejor que nunca. Porque no habrá tanto ruido ni competencia por una tarta que se convirtió en puro negocio.

El sistema NRS-i se basa en pasos muy sencillos:

1. detecta Necesidades No Resueltas *(problemas y oportunidades).*

2. elige las que resuenan contigo, tu empresa o comunidad.

3. utiliza la metodología Grasshopper NRS® para, a través de un Reto, obtener una Solución a cada NNR que hayas elegido.

4. crea un sistema para medirlo (el reto contiene el hito a conseguir, aquí deberás crear "cómo" medirlo).

5. calcula el impacto que generarías y comprueba si llega al nivel que te gustaría. Si no, vuelve al paso 1 para definir más NNR y complementarlo.

Ya tienes el "propósito de impacto" con el que te comprometes. Una guía adaptada a tu realidad que te ayudará a lograr los resultados. Así cambias objetivos que organizaciones distantes ofrecen por los tuyos. Trata de definir qué retos puedes afrontar como individuo. Llévalo a la comunidad, empresa, ciudad, al país. Necesitamos que nazcan desde las personas, dejar el pin de los ODS y tener el marco para que las personas definan sus propios retos. Funcionará. Porque en el sistema NRSi los retos partirán de alguna necesidad, un concepto muy poderoso. Entenderán "por qué" hay que apoyar ese reto. Y se logrará.

Ya no basta con cuidar el planeta. Debemos regenerarlo con el sistema NRS-i (Necesidad – Reto – Solución). Debemos empezar por comprender y aceptar la responsabilidad que podemos asumir. Cada persona, ciudad, empresa o país debe saber qué hacer (reto), cómo hacerlo (solución) y por qué hacerlo (necesidad). Es una hoja de ruta personal y colectiva para regenerar la sociedad y el planeta.

Así te sentirás vinculado con retos personales y colectivos, pero comprendiendo por qué. Tú debes detectar las necesidades que te gustaría contribuir a solucionar. De ti debería salir tu propio reto personal. Y de ti debería venir individual o colectivamente la solución. Tu solución. Si algo he aprendido estos cuatro años implementando la metodología Grasshopper® es que las personas no tenemos tiempo para hacer nuestro lo que nos dicen otros. No es tiempo de profetas. Sí de convertir a cada persona en uno.

Luego podremos honrar el impacto individual a través de alguna moneda como la que propuse en mi anterior libro, el Goodwill. Sucederá lo inesperado, porque vendrá desde las personas. **De abajo-arriba.** La única manera en la que podemos salvar nuestra existencia en este planeta.

7.

- Mira a tu alrededor. Llevas oyendo hablar de sostenibilidad y responsabilidad social muchos años. Ahora di en alto el impacto directo que Tú has generado. No. No lo sabes. Porque realmente no has estado involucrado en este proceso.

6.

- Busca Necesidades No Resueltas sobre las que puedas aportar. Genera un reto concreto, medible y evaluable sobre ellas. Mete más elementos de concreción en el reto hasta que surja la solución. Ahora, si tienes motivación, actúa. Verás cómo sale una energía dentro de Ti que no conocías. Sí. Ahora entiendes "por qué" debes actuar.

5.

- No te dejes llevar por las modas o por los *hypes* de negocio. La RSC o la sostenibilidad ya no van a estar de moda los próximos años ni no van a ser negocio en sí mismas, pero son más importantes que nunca.

4.

- Nada va a funcionar si no logramos que surja Bottom-Up. Desde las personas. En todo lo que hagas crea tu propósito personal de impacto. No el que te diga nadie, sino el que Tú sientas que puedes aportar, lo que de verdad te resuene. Si todos lo hacemos, tendremos una agenda real desde los individuos.

3.

Recuerda que toda innovación debe generar impacto positivo. El universo no te va a ayudar si no das algo positivo a cambio, así que plantéatelo como algo estratégico y vital.

2.

Sí, la medición es importante. Es lo que todos llevan diciendo diez años. Pero ante todo, debes planificar desde el principio para tener unos retos que conseguir y Tu propia agenda de propósito de impacto personal.

1.

Cuando en 2004 daba clases de emprendimiento en una escuela de negocios, propuse crear la asignatura "Emprendedor socialmente responsable". Me dijeron que una escuela de negocios está para enseñar a gestionar y dar rentabilidad, y que para salvar el mundo están las ONG. Dos años después me propusieron crear la asignatura "Emprendedor social", ya que comenzó a dar puntos para los rankings. Traté de explicar la diferencia entre emprendedor socialmente responsable y emprendedor social. Ten claro "por qué" haces las cosas. El objetivo de mi propuesta era que todos los emprendedores salieran siendo socialmente responsables. Con honradez aduje que yo no era el profesor mejor preparado para dar emprendimiento social y rechacé la propuesta.

LA SEMILLA FINAL

Hay 4 etapas en el Ser Innovador:

La primera es el despertar. Todos nacemos conectados con el espíritu responsable, creativo e innovador. Todos. Pero cuando crecemos y el conocimiento entra en nosotros, queda dormido. En esta etapa reconectas con el espíritu con el que naciste. Requiere volver a ser "como" un niño/a.

La segunda etapa se da cuando abandonas lo conocido, las ideas e ideologías. Es muy difícil, requiere renunciar al Ego, quien tú crees que eres, y arriesgarte a perder el suelo de creencias sobre las que te has sentido seguro. Requiere valentía porque ahora estás expuesto. Todo es posible, todo puede cambiar.

La tercera etapa es cuando tomas acción y comprendes el Caorden en el Universo. Valoras el Caos como fuente de creatividad y el Orden como la estructura que permite el resultado. Pero no los juzgas. Requiere sutileza para volverte Caórdico como la misma naturaleza.

La cuarta etapa es cuando dejas que todo fluya y surja lo nuevo. Ya eres Caórdico, el Ego no está ahí, las ideas preconcebidas han dejado un vacío. Y desde ese vacío, con tu espíritu responsable, creativo e innovador, es desde donde surge lo nuevo. Requiere confianza y amor hacia uno mismo para interpretar el vacío.

SIGUE POR LA CONTRAPORTADA

EMPIEZA DESDE EL PRINCIPIO

78.

Los tres ejemplos son procesos reales que han surgido de la base de trabajar en dinámicas Grasshopper NRS®. He podido comprobar con personas, expertos, ciudadanía que serían bien acogidos. Porque sienten que salen de ellos. Es la esencia del sistema de Gobernanza NRS®.

79.

El cambio de producción de energía de empresas a ciudadanía parece una labor casi imposible ahora. Grupos de poder y empresas del sector se opondrán hasta que entiendan que compite con los productores energéticos, no con distribuidores. Pero el caos obliga a nuevos órdenes y todos deben tener cabida.

80.

En 1979, mi padre era el secretario general técnico del Ministerio de Sanidad. Él era un intelectual. Le encantaba legislar y proponer cambios. Entre otras, conceptualizó y redactó la ley de transplantes de órganos con el disruptor cambio del "donante universal". Desde entonces, a no ser que digas lo contrario, eres considerado donante de órganos. En ese año mucha gente se horrorizó pensando que sin dar permiso le podrían quitar sus órganos. Pero un país tan irrelevante como España pasó a ser líder mundial en transplantes de órganos y se exportó a muchos otros países. Sí, las soluciones disruptivas pueden parecer ilusorias, pero con el tiempo si funcionan parecen lógicas y nadie se opone ya.

Para todas las Necesidades No Resueltas encontrarás ***al menos*** **una solución**. Trabajando desde el potencial CAÓRDICO de las personas. Para partir de Necesidades y no de ideas. Para que los individuos que integran una comunidad sientan que las medidas son SUS medidas. **De abajo arriba.**

SÍ, PUEDES HACERLO. Es momento de cambiar ideas por propósitos, poner a las personas en el centro y aprovechar la fuerza del Caos junto al Orden para poder detectar Necesidades y obtener Soluciones inesperadas. Es el momento de la Era Caórdica.

cimiento económico), en el ODS 11 (ciudades y comunidades sostenibles), ODS 12 (producción y consumo responsable), ODS 16 (paz, justicia e instituciones sólidas) y el ODS 17 (alianzas para lograr los objetivos).

d. *¿Tiene futuro?* **PROBABLEMENTE ES EL FUTURO**, ya que ayuda a las administraciones a valorar ecuánimemente la sostenibilidad de las empresas.

La mayoría de las regiones tienen la oportunidad de utilizar la sostenibilidad como una aliada de la competitividad de sus empresas y su tejido económico. Un sistema de *rating* social que ayude a sus PYME no sólo a medir sus resultados, sino a hacer planes *a priori* impulsará su uso si la calificación es utilizada en el sector público y en los procesos de proveedor de grandes empresas. Además, genera la posibilidad de que los empleados más concienciados con la sostenibilidad sean más empleables. Como ya sabemos, esto va de personas.

Esta medida de creación de la agencia de *rating* social estaría preparada para ser introducida en el contrato de gobernanza *(Fase IV)* y esperar si es respaldada por la ciudadanía quedando el contrato sellado. Si es así, podrá poner en marcha la agencia de *rating* social *(Fase V)* con total apoyo de la base de la sociedad, ya que esas soluciones han partido de abajo-arriba. Una vez introducidas, podrá medirlas según las herramientas de medición establecidas en los retos *(Fase VI).*

Se trata de tres ejemplos. Quizá Tú puedas seguir el mismo sistema para encontrar soluciones al problema de las pensiones, mejora del sistema sanitario, defensa, educación, sistema económico, agua...

·*3*

ayude a las empresas a hacer el plan, haría que las PYME pudieran crear sus planes de una manera sencilla, por lo que además de los beneficios que pueden obtener incentivaría que la mayoría los crease.

3. Sí conseguiría que los empleados conocieran su contribución, y además serían motivados para aumentarla.

4. Sí conseguiría que las empresas, especialmente las PYME, sean más competitivas al poder tener una calificación que asegure una determinada puntuación en los concursos públicos o en los procesos de selección como proveedor. Y si la calificación se acepta más allá de la región, la competitividad será mayor. Además, el sentido de pertenencia de los empleados que participan en la creación de los planes aumentará considerablemente.

5. Sí conseguiría aportar seguridad jurídica a los procesos ante la Administración pública y ahorrar costes de funcionarios que tienen que formarse en valorar uno a uno cada reporte no financiero.

b. *¿Es medible?* **SÍ**, a través del Reto, podríamos medir si dentro de 3 años hemos conseguido que ese X % de las PYME tienen un plan de sostenibilidad previo que les permita conocer la calificación que obtendría si lo cumple.

c. *¿Genera impacto?* **POR SUPUESTO**, anclándolo con los Objetivos de Desarrollo Sostenible de Naciones Unidas, potencialmente impactaría en todos los ODS, pero especialmente en el ODS 8 (trabajo decente y cre-

- Las empresas podrían involucrar a los empleados para cocrear el plan de sostenibilidad y repartir la responsabilidad de su obtención entre todos, ya que pueden conocer "por qué" es importante aportar a su consecución.
- Se crearía una cultura en la región que atraería al establecimiento de otras empresas que quieran tener esa calificación para ser más competitivos. Empresas que además son las más responsables.
- Las personas más concienciadas en materia de sostenibilidad serían más empleables, ya que aportarían más a la calificación de la empresa

El siguiente paso sería trabajar para que otras regiones aceptasen la calificación y unificar los criterios si van surgiendo agencias en diferentes regiones, de tal manera que se llegue a un consenso práctico que permita a las empresas diseñar su impacto antes de ponerlo en marcha y conocer *a priori* qué beneficio le aportará.

Esta medida, junto a otras cocreadas con la ciudadanía, genera el cuadro de gobernanza. Una vez finalizado el proceso NRS, el equipo hará el chequeo *(Fase III)*:

a. *¿Resuelve las Necesidades planteadas?* Revísalas una a una:

1. Sí resuelve la necesidad de que las empresas tengan planes de sostenibilidad conociendo de antemano una calificación y acciones para mejorarla.
2. Sí ayudaría a empresas que no tienen recursos para hacer sus planes de sostenibilidad a hacerlos, especialmente las PYME. Disponer de un software de Inteligencia Artificial *as a service* que

Crear una agencia de Rating Social con una Inteligencia Artificial que ayude a crear el plan de sostenibilidad, permitiría que las empresas de antemano decidan a qué nivel de calificación quieren aspirar y cómo lograrlo. La región podría crear unos objetivos y dejar que las empresas, sus empleados (y por qué no la ciudadanía), aportaran. Se trataría de un ecosistema que funcionaría basándose en conocer lo que quiere lograr cada uno, y luego medirlo para conocer si se ha alcanzado. Conociendo el "por qué" se va a implementar de antemano. Muchos países obligan ya en sus leyes de contratos públicos a tener en cuenta criterios de sostenibilidad, por lo que se podría especificar el nivel de puntuación que adquiere la empresa con cada calificación de antemano. Se trata de la oportunidad de ser más competitivo con una calificación mejor. Es decir, se rentabiliza directamente ser más sostenible. Pero, además:

- La región podría tener objetivos de sostenibilidad sobre los que las empresas y empleados trabajasen.
- Se obtendría valor tangible por ser sostenible, ya que una mejor calificación puede ayudar en concursos públicos, en acceso como proveedor o cara a los clientes finales.
- Ayudaría a las empresas que no hacen planes de sostenibilidad a tenerlos, especialmente las PYME.

Solución:

"COMPETITIVIDAD A TRAVÉS DE LA SOSTENIBILIDAD CREANDO UNA AGENCIA DE RATING SOCIAL BASADO EN INTELIGENCIA ARTIFICIAL PARA EMPRESAS." Crear un sistema de calificación oficial en materia de sostenibilidad y una agencia de Rating Social que unifique los criterios de sostenibilidad y además de calificar *a posteriori*, permita conocer *a priori* a cada empresa qué calificación obtendría con el plan propuesto, ofreciendo a través de un software de Inteligencia Artificial ayuda para la creación del plan y acciones de mejora del plan para subir la calificación. Dentro de ésta, una parte muy relevante es la aportación de los empleados, por lo que se incluye el CV social de todos, lo que afecta directamente el resultado. El sistema de calificación sería el utilizado para contratos públicos, acceso como proveedor de empresas públicas y grandes empresas y otros beneficios que dependerían de la calificación obtenida.

Reto de partida: "Cómo conseguimos en 3 años que el % de las PYM de una región tengan un plan de sostenibilidad previo que les permit conocer la calificación que obtendría si lo cumple."

Para la obtención de la solución, la clave está en llevar algo tan etéreo com las Necesidades No Resueltas a algo concreto, medible y evaluable. Por tanto, incorporamos elementos más concretos en el reto, saldrá la solución:

Reto ***avanzado***

(con más elementos de concreción):

"Cómo conseguimos que en menos de años haya un X % de las PYME de la regió con una calificación estimada por un agencia de **rating** ***social que evalúe su pla de sostenibilidad y le ofrezca acciones d mejora de la calificación para que pued comprometerse con un plan más ambicios si lo necesita, y a su vez, cada emplead conozca qué puede aportar a los planes par elaborar su CV social."***

Pero a falta de pocos años para 2030, quizá el enfoque debería ser nuevo. Un equipo interesado en desarrollar un nuevo sistema de impacto local para empresas, después de aceptar las reglas básicas *NRS (Fase I)*, decide hacer el cuadro de Necesidades, Retos y Soluciones en el área **"sostenibilidad / medioambiente"** de su región *(Fase II)*. Después de unas dinámicas con ciudadanía heterogénea donde hay expertos, ciudadanos y personas que pueden aportar desde ángulos diferentes, obtienen cinco NNR, lo llevan a un reto común que al concretarlo obtiene una posible solución:

Necesidades No Resueltas:

A. Que las empresas tengan planes de sostenibilidad conociendo de antemano una calificación de su plan para poder decidir si quieren mejorarlo y qué tendrían que hacer para conseguirlo.

B. Que las empresas PYME reporten en materia de sostenibilidad, no sólo las grandes y medianas empresas a las que ahora obligan la mayoría de las leyes.

C. Que los empleados conozcan cuál es su contribución a los planes de sostenibilidad y puedan ser honrados por su compromiso e impacto.

D. Que las empresas locales sean más competitivas y las que más aportan en materia de sostenibilidad obtengan mayor beneficio.

E. Que las administraciones aumenten la seguridad jurídica y ahorren costes al homogeneizar la valoración de los planes de sostenibilidad de las empresas.

NRS 3. SOSTENIBILIDAD / MEDIOAMBIENTE

Los 17 Objetivos de Desarrollo Sostenible con sus más de 200 indicadores de impacto no han funcionado para lograr el fin que todos anhelábamos. Como vimos en el *Salto 9*, en mi opinión no han llegado a la ciudadanía ni a las personas que componen las empresas. En 2015 la Necesidad No Resuelta podría haber sido "conseguir que los ODS lleguen a las personas y se involucren con ellos". Podíamos haber creado el Reto *"cómo conseguimos que el 20% de entre 16 y 60 años de una región tengan un currículum social que indique el grado de aportación a cada ODS entendiendo cuál es el objetivo global de su región, maneras de impactar y recompensa por su aportación"*. El resultado podía haber sido "*Crear una plataforma de CV social que calcule las horas cualificadas que se necesitan para obtener cada ODS en una región, proponga acciones de impacto a los ciudadanos, o permita que éstos las propongan, y mida la aportación de cada persona a los ODS, transformando el valor en una moneda tokenizada que honre el esfuerzo*".

Muchas regiones están ante una gran oportunidad. Las empresas evolucionan al *"Space as a Network"*, donde antes los empleados iban a la oficina y salían a hacer *"networking"*, ahora trabajan en lugares donde se enriquecen ellos y van a la oficina a llevar ese conocimiento, tendencias, clientes, proveedores que han adquirido con el *network* de la empresa para que ésta lo incorpore.

Este cuadro NRS de *"despoblación / reto demográfico"* estaría preparado para ser introducido en el contrato de gobernanza *(Fase IV)* y esperar si es respaldado por la ciudadanía quedando el contrato sellado. Si es así, podrá poner en marcha la solución para adaptarse como destino de nómadas digitales y trabajadores remotos *(Fase V)* con total apoyo de la base de la sociedad, ya que esas soluciones han partido de abajo-arriba. Una vez introducidas, podrá medirlas según las herramientas de medición establecidas en los retos *(Fase VI).*

2. Sí va a permitir que los jóvenes tengan nuevas oportunidades de empleo o emprendimiento. Además, tener personas con conocimiento de varios países hace más atractivo quedarse.
3. Sí habrá actualización en el conocimiento y tendencias gracias al que los nómadas traen, extrapolándose a las personas locales gracias a la programación dedicada a ello.
4. Sí creará nueva industria y servicios. Los usos y costumbres se rentabilizarán, llegando de una manera directa el beneficio económico a los vecinos.
5. Sí habrá un aumento de población. Además se generará el efecto llamada a más población porque "pasarán cosas".

b. *¿Es medible?* **SÍ**, a través del Reto, podríamos medir si dentro de 5 años hemos conseguido que 5.000 personas nuevas estén viviendo, aunque sea de manera flotante, en la región.

c. *¿Genera impacto?* **POR SUPUESTO**, anclándolo con los Objetivos de Desarrollo Sostenible de Naciones Unidas, impactaría especialmente en el ODS 11 (ciudades y comunidades sostenibles), pero también en el ODS 4 (educación de calidad), ODS 8 (trabajo decente y crecimiento económico) y ODS 17 (alianzas para lograr los objetivos). Es decir, impactaría en al menos 4 de los 17 objetivos marcados para ayudar al planeta a ser viable.

d. *¿Tiene futuro?* **SIN DUDA** es una solución cuyo impacto es exponencial en el tiempo. Cada vez puede atraer más personas y crecer.

- Supondrá la generación de muchas nuevas oportunidades de productos y servicios para cubrir las necesidades de los nuevos habitantes.
- Nuevas empresas se establecerán en la zona.
- Habrá más empleo para las personas locales.
- Y nuevos pobladores llegarán para cubrir los puestos más específicos que no sean cubiertos por los locales.
- Habrá un efecto atracción de población joven que quiere estar en contacto con personas de muchas culturas y tener a su alcance el conocimiento práctico más actualizado.
- A medio o largo plazo se podrá establecer una relación con empresas que establezcan alguna sede allí.

Cada región debe tener su propia propuesta de valor. Por eso una propuesta de nómadas en espacios rurales no compite con un área cosmopolita o una zona de playa consolidada, sino que se complementan. Un nómada puede querer estar un mes en una nueva ciudad, otro en la playa y otro viviendo vida de campo.

Esta medida, junto a otras cocreadas con la ciudadanía, genera el cuadro de gobernanza. Una vez finalizado el proceso NRS, el equipo hará el chequeo *(Fase III)*:

a. *¿Resuelve las Necesidades planteadas?* Revísalas una a una:

1. Sí va a conseguir que no se pierdan costumbres, dado que es uno de los principales reclamos de atracción. Además, el aumento de población, aunque sea flotante, va a permitir tener derecho a muchos servicios como centro médico, colegios, etc., que necesitan un número mínimo de población.

Adaptar regiones como destino de nómadas digitales y trabajadores remotos es una gran solución para mantener vivas las regiones rurales. Es algo de lo que me di cuenta en la época donde impulsé espacios de *coworking* y por eso registré la marca Corporate Digital Nomad a nivel europeo en 2018. Intentar atraer a personas bien preparadas, que son el motor de las empresas, para decirles *"ven y sé feliz con sol y playa"* es un gran pecado como destino. Primero porque es algo que pueden decir muchos lugares *"lindos"* en el mundo. Pero sobre todo porque debemos aprovechar para extrapolar procesos de creatividad e innovación entre los nómadas y la población local. Deben poder acceder a nuevo conocimiento, tendencias, potenciales clientes, proveedores... y por supuesto interactuar con la cultura, los valores y el ocio local. Si una región atrae a las personas, terminará atrayendo a las empresas. Pero, además:

- Aunque no sean fijos, aumentará directamente la población que habita simultáneamente la localidad, lo que dará derecho a mantener muchos de los servicios que requiere un número mínimo de población.
- Generarán un ingreso directo en productos y servicios locales que llegará de forma muy inmediata a la población local.

Solución:

"PROGRAMA DE ADAPTACIÓN DE LA REGIÓN X COMO DESTINO DE NÓMADAS DIGITALES Y TRABAJADORES REMOTOS." Crear un plan de adaptación de la región para acoger trabajadores españoles, europeos o del mundo que elijan ir a vivir y trabajar por semanas o meses para disfrutar de una propuesta de valor relacionada con la vida rural y las costumbres locales. Un plan para adaptar espacios donde dormir, que además de residencias pueda incorporar a los propios vecinos como anfitriones en sus casas, mapeando los espacios mágicos de las localidades para adaptarlos para trabajar, reunirse o hacer videollamadas. Con una oficina de atención al nómada digital que le ayude a establecerse y sobre todo a conectar con otros nómadas y con la población local. Y con una programación preparada desde esta oficina, desde los vecinos y comercios, pero también desde los propios nómadas para extrapolar procesos de creatividad e innovación. Una programación que los enriquezca profesional y personalmente en tecnología, sostenibilidad, nuevas tendencias, en cultura local u ocio, para que sean más felices y dé vida a la comarca porque es el lugar donde suceden las cosas.

Reto de partida: "Cómo conseguimos que haya 5.000 personas nueva viviendo en la comarca X en 5 años"

Para la obtención de la solución, la clave está en llevar algo tan etéreo com las Necesidades No Resueltas a algo concreto, medible y evaluable. Por tanto, s incorporamos elementos más concretos en el reto, saldrá la solución:

Reto avanzado (con más elementos de concreción):

"Cómo conseguimos que en menos de 5 años haya 5.000 personas nuevas viviendo de manera flotante mientras trabajan y disfrutan de la calidad de vida rural. Con una propuesta de valor donde tienen espacios para alojarse en casas adaptadas por los propios vecinos lugares mágicos donde trabajar, reunirse o hacer videollamadas. Que tienen una persona preparada para atenderlos, ayudarlos y conectarlos entre ellos. Y una programación sobre últimas tendencias en tecnología sostenibilidad, innovación, cultura, ocio o costumbres locales que permite extrapolar procesos creativos entre la población local y los nuevos visitantes."

NRS 2. RETO DEMOGRÁFICO

En muchos países y regiones la despoblación rural es un reto. Un equipo interesado en desarrollar el sistema de gobernanza NRS, después de aceptar las reglas básicas NRS (Fase I), decide hacer el cuadro de Necesidades, Retos y Soluciones en el área "despoblación rural/reto demográfico" de su región (Fase II). Después de unas dinámicas con ciudadanía heterogénea donde hay expertos, ciudadanos y personas que pueden aportar desde ángulos diferentes, obtienen cinco NNR, lo llevan a un reto común que al concretarlo obtiene una posible solución:

Necesidades No Resueltas:

A. No perder población para que la vida y las tradiciones de las regiones rurales no se acabe, y para seguir manteniendo servicios como centros médicos, colegios… que necesitan un mínimo de población para continuar..

B. Mantener a los jóvenes viviendo en las zonas rurales.

C. Que haya conocimiento actualizado y no se quede atrás las áreas rurales.

D. Generar nuevas oportunidades económicas y rentabilizar los usos, costumbres y forma de vida de los pueblos.

E. Que las personas puedan tener nuevas fuentes de ingresos

F. Atraer nueva población, aunque sea flotante.

solución innovadora desde las personas, por lo que merece la pena intentarlo.

Este cuadro NRS de *"energía"* estaría preparado para ser introducido en el contrato de gobernanza *(Fase IV)* y esperar si es respaldado por la ciudadanía quedando el contrato sellado. Si es así, podrá poner en marcha las soluciones *(Fase V)* con total apoyo de la base de la sociedad, ya que esas soluciones han partido de abajo-arriba. Una vez introducidas, podrá medirlas según las herramientas de medición establecidas en los retos *(Fase VI).*

b. *¿Es medible?* **SÍ**, a través del Reto, podrías medir si dentro de 8 años has conseguido que ese % fijado de compra energética ha pasado de terceros países a la autoproducida, y también podrás comprobar si ese % de personas fijado han tenido nuevos ingresos gracias a la solución.

c. *¿Genera impacto?* **POR SUPUESTO**, sólo anclándolo con los Objetivos de Desarrollo Sostenible de Naciones Unidas impactaría especialmente en los ODS 7 (energía asequible y no contaminante), ODS 8 (trabajo decente y crecimiento económico), ODS 9 (industria, innovación e infraestructuras), ODS 10 (reducción de las desigualdades), ODS 11 (ciudades y comunidades sostenibles), ODS 12 (producción y consumo responsable), ODS 13 (acción por el clima) y ODS 17 (alianzas para lograr los objetivos). Es decir, impactaría en 8 de los 17 objetivos marcados para ayudar al planeta a ser viable.

d. *¿Tiene futuro?* **CLARO**, no es un parche, es algo que se quedaría para siempre y abriría una nueva manera de empoderar a la ciudadanía para generar las soluciones que necesita. Se trata de un nuevo camino con mucha continuidad.

El sector energético seguiría funcionando en lo que concierne a la distribución y otros aspectos. La solución propuesta trataría de sustituir la compra de energía producida en países terceros por otra producida desde la propia ciudadanía.

Por supuesto que desde nuestra mente que vive en lo conocido nos cuesta pensar que sea viable. Por supuesto que hay que adaptarlo a cada lugar y que habrá que ir aprendiendo en su implementación. Pero sería una gran

- La producción energética supone un potencial ingreso extra para los ciudadanos que participan en las comunidades energéticas. Al igual que países como Noruega o Arabia Saudí han compartido ingresos por sus recursos energéticos, llegará a personas por pertenecer a estas comunidades.
- Se crean nuevas industrias y oportunidades de negocio. Las comunidades energéticas estarán profesionalizadas, creando nuevos puestos de trabajo. Necesitarán asesoramiento, gestión, financiación, seguros, maquinaria, materiales...

Esta medida, junto a otras cocreadas con la ciudadanía, genera el cuadro de gobernanza. **Una vez finalizado el proceso NRS, el equipo hará el chequeo *(Fase III)***:

a. *¿Resuelve las Necesidades planteadas?* Revísalas una a una:

1. Sí genera energía que el país necesita y reduciría salida de capital al exterior.
2. Sí generaría energía mucho más barata incluso gratuita en muchos casos y liberaría capital disponible de las familias para otras actividades.
3. Sí crearía ventajas para las zonas menos pobladas, por lo que sería una solución para el reto demográfico de zonas despobladas.
4. Sí generaría una mayor independencia *de facto* sobre las circunstancias geopolíticas que hoy en día afectan a nivel global.
5. Sí se convertiría en una fuente de ingresos para las personas, generaría nuevos empleos, empresas que dan servicios y nueva industria alrededor.

Cambiamos un sistema en el que empresas producen energía y otras empresas, instituciones y sobre todo ciudadanos la compran a otro en que las personas producen la energía y las empresas e instituciones la compran. Puede parecer una locura, pero igual que en los trasplantes de órganos el concepto "donante universal" de 1979 invirtió el proceso y nos hizo a todos donantes si no expresamos lo contrario, colocando al primer país que lo introdujo (España) como líder mundial, invertir el sistema de producción / compra de energía desde la ciudadanía podría generar unos efectos beneficiosos enormes:

- El país va regulando y ampliando la producción desde las personas a medida que se va reduciendo la compra del exterior, especialmente ahora que los fósiles se van sustituyendo.
- El dinero que ahora sale a terceros países se queda en la economía interna.
- Acelera la adaptación de energías más limpias, eliminando la dependencia del gas y el petróleo. Supone una gran oportunidad para nuevas empresas que ayuden a este cambio.
- El POPE genera más beneficio para zonas menos pobladas, ya que el derecho de producción se reparte entre los habitantes de cada zona.

Solución:

CAMBIO LEGISLATIVO "CIUDADANO PRODUCTOR ENERGÉTICO UNIVERSAL. ENERGÍA DESDE LAS PERSONAS QUE TIENEN EL DERECHO Y LA OPORTUNIDAD DE PRODUCIR LA ENERGÍA QUE EL PAÍS CONSUME".

Creación de un programa por el que las personas se pueden agrupar en Comunidades de Producción Energética y tienen acceso a todos los sistemas de producción viables. Creación de un Plan de Ordenación de Producción Energética (POPE) que regula la manera y la cantidad de energía que las Comunidades pueden producir, de tal manera que las zonas menos pobladas generan una cuota de producción mayor a sus residentes.

Reto:

"Cómo conseguimos que un % concreto de la energía que se consume en el país y se compra en el extranjero sea producida directa o indirectamente por la ciudadanía en menos de 8 años y suponga una fuente de ingresos extraordinaria para un % concreto de la población".

NRS 1. ENERGÍA

Un equipo interesado en desarrollar el sistema de gobernanza NRS, después de aceptar las reglas básicas NRS (Fase I), decide hacer el cuadro de Necesidades, Retos y Soluciones en el área "energía" de su región (Fase II). Después de unas dinámicas con ciudadanía heterogénea donde hay expertos, ciudadanos y personas que pueden aportar desde ángulos diferentes, obtienen cinco NNR, lo llevan a un reto común que al concretarlo obtiene una posible solución:

Necesidades No Resueltas:

A. Necesidad de generar la energía que necesita el país reduciendo la compra a terceros y la salida de capital al exterior.

B. Necesidad de tener energía muy barata para la ciudadanía, liberando disponibilidad económica de las familias para otros fines que activen nuevas actividades económicas.

C. Necesidad de tener ventajas económicas por vivir en zonas más despobladas ayudando en el reto demográfico de estas áreas.

D. Necesidad de evitar el impacto negativo de circunstancias geopolíticas dependientes de terceros.

E. Que las personas puedan tener nuevas fuentes de ingresos.

Salto 12

Aplicatividad del sistema de gobernanza NRS

Recuerda que vales lo que tú crees que vales. Recuerda confiar en Ti, quererte, y seguir el propósito que te guía. Porque muchos, muchos te atacarán y te harán dudar.

Sigue para coleccionar más semillas...

73.

Implementar un nuevo sistema de gobernanza es complicado. Tendrás la oposición de todo lo que defiende el *statu quo*. Pero cuando las ideologías caen, las sociedades avanzan y los modelos anteriores no funcionan se abre una posibilidad. Es el caos que permite el nacimiento de un nuevo orden.

74.

Los sistemas de gobernanza están preparados para defenderse autónomamente. No te enfrentes. Sé cómo el río que fluye. Deja que la madurez de los cambios reclame probar nuevos sistemas.

75.

Tomar contacto con toda la potencial comunidad a la que quieres servir como gobernante es en la práctica complejo. Intenta trabajar con una muestra que respete la realidad de la comunidad para que lo que salga de ellos resuene en todos los miebros.

76.

Estate siempre abierto a ceder el cargo o posición a otro. Tú estás implementando las soluciones a los retos que has marcado. Pero si las circunstancias cambian, si no lo logras, deja que otros lo intenten. Tú habrás dado lo mejor de Ti.

Fase VI.

Medición de resultados

Una vez puestas en marcha las soluciones, como gobernante debes medir los resultados según el sistema de medición establecido en la Fase II. Como está basado en los retos, podrás ir comprobando si se van consiguiendo.

Se trata de un mecanismo de control automático que nace *ab initio*, lo que permite preparar planes de contingencia si no sale como pretendes. Podrás sentirte honrado en función de los retos que consigas y será más fácil que tú mismo valores tu aportación en tu servicio público temporal.

El sistema NRS se ha implantado en empresas, instituciones, universidades y municipios. El sistema de Gobernanza NRS, como todo lo nuevo, necesita ir poco a poco, establecer prototipos, aprender implementándolo y mejorarlo. Pero para arrancar necesita lo más importante. **Personas como Tú que quieran dar el paso.**

Fase V.
Puesta en marcha de las Soluciones

Una vez sellado el contrato de gobernanza NRS con el ciudadano, si eres elegido gobernante, tienes un plan de acción basado en las soluciones cocreadas con unos objetivos claros establecidos en los Retos. ***Es momento de implementar las soluciones e ir pivotándolas si no son alcanzables.***

NO SON "IDEAS" SINO SOLUCIONES A NECESIDADES. Gozan de legitimidad intrínseca, ya que han partido de la propia ciudadanía. Cuando vayas a implementarlas, tendrás a las personas a tu favor, ya que han partido de ellas. **Recuerda que son "sus" soluciones.**

Cuadro NRS (Necesidad – Reto - Solución) que me comprometo a implementar: *Qué Retos me comprometo a resolver, cómo y por qué:*

QUÉ: *RETOS*. Suponen el sistema de medición que ejercerá de control.
CÓMO: la *SOLUCIÓN* a cada reto, lo que propones hacer. El plan para ejecutar.
POR QUÉ: las *NECESIDADES NO RESUELTAS* que pretendes resolver.

____

____

¿Qué espero que el cargo me aporte a mi?
Cuál es la legítima recompensa anhelada. Qué te mueve a querer ser gobernante.

____

____

El voto del ciudadano / miembro de la comunidad sella el contrato de gobernanza. A este contrato se le une el "cuadro del por qué" que has creado en la Fase II, y tienes el "Programa de Gobernanza" que sustituye lo ideológico por lo pragmático.

Fase IV.

Contrato de gobernanza con la ciudadanía / comunidad

Teniendo claro tu plan basado en necesidades, retos y soluciones, podrás asumir un compromiso con la ciudadanía / comunidad. El contrato de gobernanza con la ciudadanía / comunidad es un documento público donde como potencial futuro gobernante estableces compromisos y responsabilidades:

¿De dónde vengo?

De una manera honesta comparte con la ciudadanía / comunidad qué te trae hasta aquí

____

____

¿Dónde estoy?

Vitalmente, ¿por qué crees que estás en el momento adecuado para asumir compromisos con la ciudadanía / comunidad?

____

____

Fase III.

Chequeo del Cuadro de Gobernanza NRS

Antes de ponerlo en marcha, **comprueba si cada una de las Soluciones resuelve la necesidad, tiene futuro, genera impacto y es medible.**

a) *¿Resuelve las Necesidades planteadas?* Revisa una a una y comprueba por qué resuelve cada necesidad. ☐ **Sí** ☐ **No**

b) *¿Es medible?* Establece a través del reto un sistema de medición. Debe quedar planteado por adelantado para poder medirlo en el tiempo. ☐ **Sí** ☐ **No**

c) *¿Genera impacto?* Ancla la solución a Objetivos de Desarrollo Sostenible de Naciones Unidas o al sistema de medición de impacto que hayas creado a medida. Comprueba que tu solución va a ser buena para el mundo o no llegará lejos.

☐ **Sí** ☐ **No**

d) *¿Tiene futuro?* Asegúrate de que no sea un parche, que sea algo que se quedará en el tiempo más allá de ser algo puntual. ☐ **Sí** ☐ **No**

Si alguna de las 4 preguntas es negativa, **abandona el reto / solución y continúa con los que salen afirmativos.**

- Crea el Reto base: empieza por "cómo" y añade la NNR poniendo unidad de medida y tiempo. Por ejemplo, "disminuir los robos" no es un Reto porque nunca sabrás si lo has logrado. Sin embargo, "disminuir un 50% el número de robos en 6 meses en un lugar" sí es concreto, medible y evaluable.

- Parte el Reto base en elementos que se puedan concretar más y haz preguntas de concreción hasta que no se pueda aterrizar más.

- Una vez se ha aterrizado al máximo, quita el "cómo" y léelo. Te sorprenderá darte cuenta de que tienes la Solución. ¿Suena increíble? Funciona siempre.

- Repite el proceso con todas las NNR que quieras hasta generar una gran Data NRS.

3. Crea el Cuadro NRS donde queden recogidas las Necesidades, Retos y Soluciones que quieres abordar. El resultado será:

- ***Necesidades No Resueltas:*** *explicando dónde está el problema o la oportunidad y por qué no está resuelto.*

- ***Retos:*** *concretos, medibles y evaluables. Es decir, deben tener un componente temporal y otro cuantificable numérico.*

- ***Solución:*** *debe salir de la concreción del reto y dar respuesta a la solución.*

4. Establece un sistema de medición basado en los retos

Basado en los retos concretos, medibles y evaluables, establece cómo medirlos y posibles planes de contingencia si no se logran.

1. Define las áreas sobre las que quieres detectar y solucionar Necesidades No Resueltas

No es igual que se vaya a actuar sobre una materia (comercio, sostenibilidad, salud...) a que sea general. Deberás acotar qué tipo de Necesidades se buscan.

2. Genera dinámicas con la ciudadanía o comunidad donde ésta detecta las Necesidades, Retos y Soluciones

Es el paso más importante. A través de un proceso metodológico es posible cocrear con la ciudadanía o comunidad estas Necesidades, Retos y Soluciones (NRS). La metodología Grasshopper NRS® desarrollada en el libro El fin de la innovación. La era del innovador *es un buen método y está adaptado a tal fin. Recordemos cómo funciona básicamente:*

- Sobre las áreas que quieres trabajar, genera preguntas K*Órdicas con anclajes de caos y orden. Son preguntas que no se pueden resolver con un "sí" o un "no", sino que requieren debate o reflexión.

- Utiliza la escala de innovación K*Órdica para posicionar la pregunta entre 0 (caos absoluto) y 1 (orden absoluto).

- Arranca el debate o reflexión en grupos y atento a las Necesidades No Resueltas (NNR) que se generan. Recuerda que son muy etéreas. Por ejemplo, detrás de un "... pero a lo mejor..." hay una Necesidad. Si te atascas en la reflexión o debate, pregúntate "¿qué necesidad hay detrás de lo que estoy razonando?".

- Cuando termines con las preguntas tendrás un número de Necesidades No Resueltas. Elige las NNR que quieres solucionar y trabajar con la ciudadanía / comunidad.

Fase II.

Construcción del cuadro NRS (Necesidade - Retos - Soluciones) desde la ciudadanía comunidad. El "Cuadro del por qué":

Si quieres acceder a un puesto electo, debes trabajar con la propia ciudadanía c comunidad para encontrar el propósito a través de su **"cuadro del por qué"**.

Se trata de tener ligados la Necesidad con el Reto y la Solución, donde:

- ***El Reto es el "QUÉ" se quiere hacer. Algo concreto, medible y evaluable.***
- ***La Solución es el "CÓMO" se quiere hacer.***
- ***La Necesidad es el "POR QUÉ".***

Conocer el **"por qué"** desde la ciudadanía / comunidad es lo más importante. S como gobernante tratas de imponer unas medidas, será difícil que los que estár abajo las acojan de buen gusto porque no lo entienden. Pero si la propia ciudadanía / comunidad detecta las Necesidades No Resueltas, problemas y oportunidades que les afectan, y ellos mismos cocrean los Retos para sacar las Soluciones, éstas serán SUS soluciones. Y las apoyarán completamente. Ya que comprenden el "por qué". Y quedarás legitimado para implementarlo.

5. Tenderás siempre a apoyar a cualquier rival alineado con los NRS propios, aun a costa de perder ciertas ventajas

La alineación no viene por ideología, sino por Retos comunes. Es lo que permite crear "Propósitos Compartidos" entre personas que persiguen dar solución a Necesidades comunes.

6. No hay unidad de criterio ni disciplina de voto. Cada persona electa puede votar, actuar según su conciencia y sobre todo guiado por sus NRS comprometidas

La gobernanza NRS implica que la persona se hace responsable de sus retos, por lo que de una manera natural se alineará con otros que tengan retos similares, no por disciplina u obediencia de ningún tipo.

7. En la medición de resultados, si no alcanzas el mínimo marcado en tus Retos, establecerás unos nuevos con la ciudadanía / comunidad, o te retirarás

Los Retos marcan el éxito de la gobernanza, por lo que se debe pivotar estos retos para ir adecuándolos a la realidad.

8. La vocación es de tiempo limitado. Después te puedes quedar como asesor de los nuevos o aspirar a nuevas funciones, pero no perpetuarte

Hay un tiempo para dar lo mejor de cada persona. Lo que no se ha logrado en ese tiempo es porque no se puede y hay que dejar a otros dar lo mejor de sí mismos. Por tanto, se debe permitir que otros aspiren a implementar soluciones a sus retos.

Fase I.

Asunción de las reglas básicas NRS

El sistema NRS se basa en cambiar las ideologías por los propósitos en forma de retos a resolver para la ciudadanía o la comunidad. Primero, deberás asumir ocho reglas básicas:

1. No debatirás, criticarás ni tomarás partido por ninguna ideología

Partir de Necesidades No Resueltas y llegar a la Solución a través del Reto. No po... ideas o ideologías.

2. No debatirás ni tomarás partido por ninguna religión

Las religiones han sido fuente de disputa entre los hombres desde siempre. Las religiones son vehículos para vivir la espiritualidad. Pero que crean los hombres. Y las utilizan. Todas las creencias deben tener cabida.

3. La crítica a un rival sólo se produce basándose en fallos en las N-R-S, no para desacreditar sin fundamento

El sistema de medición y control viene en función de los Retos concretos, medibles y evaluables planteados, por lo que la crítica será objetiva.

4. Reconocerás los éxitos rivales

La consecución de un Reto es bueno para todos, por lo que será reconocido y celebrado.

La "valía" del individuo en el sentido de gobernanza NRS viene determinado por su capacidad de generar nuevas soluciones a Necesidades No Resueltas (problemas y oportunidades) de la sociedad o de la comunidad. No viene por el conocimiento adquirido. Por la posición y circunstancias de cada persona, puede detectar diferentes NNR. Por lo que todos tenemos la potencialidad de aportar al sistema NRS. Existe heterogeneidad a la hora de identificar "los mejores individuos". Todos tienen cabida. Porque todos tenemos la capacidad de detectar NNR y generar nuevas Soluciones en algún ámbito concreto.

En el sistema actual, la mayoría de los mensajes políticos están basados en ideologías. Tratan de decirte que están a la derecha, centro o izquierda. ¿De qué? Del otro según sus ideas. Tratan de posicionarte en un término ideológico. Comunista, nacionalista, liberal, conservador, progresista. Tratan de incluirte en una tribu de personas que se sienten identificadas con la ideología. Mismos mensajes, mismos códigos, mismas respuestas. No tienes que pensar. Sólo confiar en tu tribu. En los que defienden "tu" ideología.

Una vez dentro, cambiar de ideología es muy difícil porque tu mente no se quiere complicar pensando si tiene sentido lo que dice otra ideología. ¿Te imaginas estar constantemente planteándote el posicionamiento de los demás? Es laborioso y cansado. Mucho mejor confiar en tu ideología, que te defienda de las ideas de los demás que, al no ser las tuyas, te pueden afectar para mal. Y así das tu voto.

Sustituyamos organizaciones ideológicas por agrupaciones de personas que resuelvan necesidades reales (problemas y oportunidades) de las personas que representan. Y probemos un nuevo sistema de gobernanza social basado en el proceso Necesidad – Reto – Solución (NRS).

SALTO 11.
Método de gobernanza social NRS

La mayoría de los sistemas de gobernanza social no funcionan. Son fuente de crispación. No atraen a los mejores individuos de la sociedad. No fomentan la colaboración. No unen a las personas. No ilusionan a la ciudadanía.

Las personas de alto valor se quedan fuera del juego del servicio público o de cargos en comunidades porque no están capacitados para aguantar la crispación. Individuos altamente preparados que podrían aportar valor a la sociedad o su comunidad son repelidos por el propio sistema. Sólo las personas con capacidad para aguantar ataques, puñaladas o insultos sobreviven en el sistema actual. Tengan o no un alto valor que aportar. SON RECLAMADORES DE VALOR, NO COCREADORES DEL MISMO.

Necesitamos cambiarlo. Atraer los mejores individuos de las sociedades para que vuelquen todo el valor que pueden aportar en períodos de tiempo limitado. Para después volver a su actividad principal, donde sigan desempeñando su papel para la sociedad o comunidad con un gran reconocimiento social.

Salto 11

Método de gobernanza social NRS

72.

El que tiene una visión tiene una misión. Cuando entiendes el "por qué" de una visión, no debes apartarte o llevarás siempre la sensación de haber fallado por no intentarlo.

Sigue para coleccionar más semillas...

68.

Recuerda que no has tenido una idea propia. Todas nos las han dado otros y las circunstancias. Pero puedes cambiar y comenzar a funcionar por NRS Necesidad – Reto – Solución. Es decir, por propósitos. Deja las ideas a los demás.

69.

No aceptes un combate ideológico. No lo podrás ganar porque nunca podrás convencer a alguien que está preparado para defender su ideología. Sólo conseguirás herir su orgullo y que tenga ganas de revancha.

70.

Cuando alguien argumente ideológicamente, pregunta: ¿cuál es la Necesidad No Resuelta que tratas de exponerme? Esto le obligará a salir del dogmatismo ideológico y llevará a un debate constructivo desde las necesidades.

71.

Las personas necesitamos tener un suelo de creencias, bien espirituales, bien ideológicas, bien de coordinación social. Si vas a romper alguna, asegúrate de que siga habiendo suelo, de tener algo de valor que dar a cambio, porque si no, las personas buscarán sustituirlo y será un caldo de cultivo para cualquiera que los quiera manipular.

3. **Parte de, al menos, una Necesidad, la cual puede ser "reactiva" –nos está afectando, es un problema– o *"proactiva"* –está flotando pero aún no nos afecta;**
4. **Cocreamos la solución y;**
5. **Su resultado se puede medir.**

Las ideologías no son buenas o malas. Simplemente hoy no resuelven problemas, los crean. Si el esfuerzo, tiempo o pasión que nuestros representantes dedican a defender ideologías lo utilizan en detectar Necesidades No Resueltas y encontrar nuevas soluciones, tendrán Propósitos Compartidos que cambiarán nuestra realidad. El sistema político actual promueve personas que defienden el *statu quo*. Es momento de plantear una nueva raza de líderes que accedan a lo público por la capacidad de detectar Necesidades No Resueltas de nuestra sociedad, generar soluciones e implementarlas. Sí. Es peligroso proponerlo. Pero debemos intentarlo para evolucionar y no involucionar una vez más.

Las sociedades necesitan reposicionarse constantemente en la escala. Viajar del caos al orden o del orden al caos, según las circunstancias. Por ejemplo, cuando una disrupción entra en la vida de los ciudadanos, como ha ocurrido con la "economía colaborativa" que ha cambiado sectores como las oficinas con el modelo *coworking*, el transporte urbano con el modelo UBER en todo el mundo, toca un viaje hacia el caos, sin juzgarlo, para mover patrones antiguos que no se adaptan a los nuevos tiempos. Hay que abrir la mente para comprender que las reglas rígidas del pasado no sirven. Comprender los cambios, las necesidades de la ciudadanía, de los nuevos operadores y de los antiguos. Para llegar a soluciones compartidas.

Pero una vez generado el nuevo modelo que parte del viaje al caos, toca volver a viajar hacia el orden. Para que lo nuevo genere el resultado buscado. El caorden detecta Necesidades No Resueltas, el punto de partida para obtener retos y nuevas soluciones. Cuando surgen estas nuevas soluciones desde sociedades o comunidades de personas, **nacen "propósitos compartidos".**

Desde las ideologías no somos capaces de aprovechar las oportunidades de los constantes cambios sociales o tecnológicos. Porque seguimos enfrascados en la defensa de las ideologías. En atacar a la otra. Desde el Propósito Compartido, tenemos una solución práctica, medible, co-creada entre muchas personas heterogéneas que la enriquecen, y apoyada al recoger, al menos, una necesidad compartida.

Así, **el Propósito Compartido**:

1. **Está en el espíritu de cada uno;**
2. **Es práctico;**

*Escala de Innovación K*órdica*

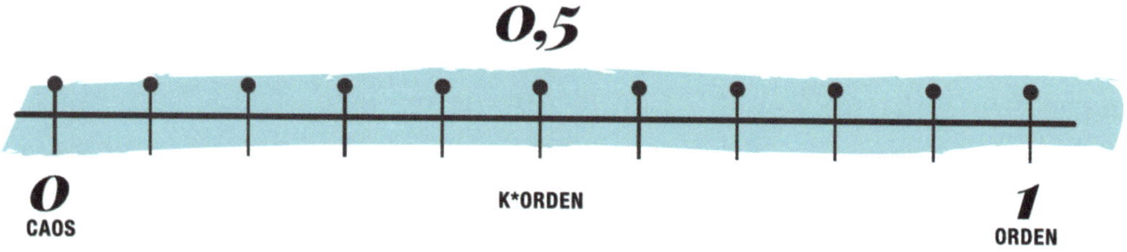

® Jose Almansa. Escala de Posicionamiento K*órdico

Si aplicamos el Posicionamiento de **Innovación K*Órdica** (***"creatividad e innovación con resultado"**, como vimos en el Salto 3*) a las sociedades, y trazamos la escala K*Órdica, donde el 0 es el caos absoluto y el 1 el orden absoluto, tendríamos:

- Sociedad posicionada en el 1, **Orden absoluto**: nada evoluciona, estamos en una sociedad preparada para dar resultados siempre previsibles, pero no hay ningún tipo de libertad para el cambio. Las sociedades que viven bajo regímenes dictatoriales muy cerrados suelen estar cerca del 1.

- Sociedad posicionada en el 0, **Caos absoluto**: una sociedad donde todos los individuos tratan de hacer las cosas a su manera, pero sin coordinación, ni resultado, por lo que lleva a una anarquía difícil de gestionar.

Como ocurre en cualquier aplicación de la escala K*Órdica, estar en el 0 o en el 1 no es positivo. Porque en todos los aspectos se necesita caos y orden. El caos ayuda a las sociedades a plantearse constantemente el camino de la evolución, a visualizar las áreas de mejora. A la adaptación constante de los cambios sociales. Porque las forman personas que están VIVAS.

La participación de la ciudadanía de abajo-arriba consigue que ésta apoye su implementación. Porque son "SUS" soluciones.

Aplicando a Simon Sinek en su libro *Empieza con el porqué,* hoy en día la mayoría de los representantes te dicen *"qué"* quieren hacer. Muy pocos te cuentan *"cómo"*. Y el *"por qué"* lo dejan en manos de la ideología, "porque somos de izquierdas", "porque hacemos políticas liberales". Si cambiamos el "por qué" basado en la ideología por el "por qué" basado en una Necesidad No Resuelta, conseguimos que muchos conecten con la necesidad, lo entiendan y apoyen. Porque es "SU" necesidad.

Necesitamos como sociedad cambiar las reglas. Propuestas ideológicas por compromisos concretos, medibles y evaluables. Donde cada ciudadano pueda trazar su consecución y valorar a su representante en función del impacto que logre. Y participar en la creación de éstos.

Cambiar ideólogos por personas con propósitos. Personas ideologizadas por líderes sociales cuya valía venga por la capacidad de detectar Necesidades No Resueltas de nuestra sociedad, generar soluciones e implementarlas. Cambiar mandatarios ideológicos por líderes innovadores capaces de construir sociedades con propósito *(compartido).*

Aunque siempre se ha intentado ir hacia el orden, **LAS SOCIEDADES TAMBIÉN SON CAÓRDICAS**. Necesitan caos y necesitan orden. Sin juzgar. Porque las sociedades están vivas.

para ambas necesidades. Trabajaríais con el Propósito de tener vivienda para todos sin que ninguna sea ocupada. Y hay soluciones nuevas relacionadas con la repoblación rural, atracción de actividad económica, comunidades de producción energética que permiten pagar la vivienda. Se pueden mezclar muchos ingredientes que ninguna ideología permitiría.

Este modelo se puede trasladar a un sistema de gobernanza NRS (Necesidad – Reto – Solución) basado en personas que sienten que pueden aportar a su comunidad durante períodos concretos de tiempo para luego volver a su actividad principal. Se trata de trabajar a través de un proceso metodológico, como el **NRS de Grassshopper®**, junto a las personas que van a representar. Para encontrar Necesidades No Resueltas reactivas *(problemas)* o proactivas *(oportunidades)*. Construir Retos concretos, medibles y evaluables con los que comprometerse. Y establecer soluciones que vinculan en su aplicación.

El sistema de Gobernanza NRS responde el "qué", "cómo" y lo más importante, "por qué":

a. ***¿Qué voy a hacer?*** SON LOS RETOS. Todas las propuestas son concretas, medibles y evaluables en tiempo y cuantía. El votante conoce a qué se compromete el candidato y para cuándo. Permite dar seguimiento a cada propuesta y controlar el grado de cumplimiento.

b. ***¿Cómo lo voy a hacer?*** SON LAS SOLUCIONES. Cada Reto lleva una o varias soluciones asignadas, por lo que se explica cuál es el plan para logar la consecución de los Retos.

c. ***¿Por qué lo voy a hacer?*** LA NECESIDAD QUE RESUELVE.

rras y muertos por las ideologías. Pero para muchos es la manera fácil de ubicarse. Y para unos pocos, la manera de utilizarlos.

La defensa de las ideas impide llegar a nuevas soluciones comunes. Los representantes políticos no pueden encontrar posiciones que defiendan las necesidades de todos. Porque estarían traicionando la ideología por la que fueron elegidos. Sólo excepcionales políticos que dejan de lado las ideologías consiguen el apoyo de todo tipo de personas. Y luego son recordados como grandes líderes.

Pero si trascendemos las ideologías que otros nos dieron y funcionamos sobre la base de detectar Necesidades No Resueltas (NNR) de nuestro mundo, sociedad o vida, podemos cocrear nuevas soluciones basándonos en Retos concretos, medibles y evaluables. Los nuevos Retos y Soluciones que parten de necesidades, se convierten en Propósitos Compartidos. **Cambiamos defender ideas por cocrear soluciones. Es el sistema político NRS (Necesidad, Reto, Solución).**

Desde la ideología, es extremadamente difícil que dos personas encuentren una solución común. Sin embargo, partiendo de la Necesidad de cada uno, sí. Tú puedes entender la necesidad de un tercero, y el otro la tuya. Y juntos podéis encontrar un reto común y una solución que resuelva el reto.

> Por ejemplo, si tu defiendes la NNR de que todas las personas tengan una vivienda digna y otro la NNR de tener la propiedad de una vivienda sin que nadie la ocupe, desde las ideologías nunca os pondréis de acuerdo. Sin embargo, desde las NNR podríais entender la del otro y a partir de ahí buscar un reto común y una nueva solución

¿Que no haya personas en estado de pobreza?
Quieres el bien común, tienes algo de comunista.
¿A que no te gusta que nos controlen todo el tiempo?
Pues eres algo anarquista. Y si es aplicado a la economía, eres neoliberal. Aunque parezca contradictorio.
¿Que el planeta sea viable y sostenible?
Eres ecologista.

Ahora, dime. ¿Qué eres?

Ninguna ideología es "tuya" o "mía". Todas vienen de ideas que otros nos han dado, bien en el proceso de socialización desde pequeños, por circunstancias de la vida, o por buscar la aceptación en un grupo social. Tú y yo no vinimos al mundo con una ideología. Recuerda que llegamos conectados a un espíritu responsable, creativo e innovador que fuimos perdiendo cuando nos dieron las respuestas para todo.

Un sistema político o de gobernanza basado en ideologías impide una coordinación social sana entre las personas. Cuando votamos, apoyamos a personas que defienden nuestra ideología. Tú estás preparado para defender tu ideología. El político al que votas está preparado para defender tu ideología. Te muestra al adversario. Contra el que hay que luchar. Contra otra ideología. Y puede llegar a causar millones de muertos como el caso del nacionalsocialismo en Alemania. Todo por ideas que ni siquiera son tuyas.

Las ideologías nos encasillan y separan. No tienen margen para aceptar las ideas de las otras personas. Nuestra historia reciente está llena de conflictos, gue-

SALTO 10.
Abandona tus ideas.
Abandona tu ideología

Tengo una noticia. Ninguna idea ha sido tuya. Ninguna mía. Nunca hemos tenido una idea nuestra. Siempre nos las han dado otros. Antes que Destutt de Tracy creara la palabra "ideología" en su obra *Éléments d'idéologie* en 1796, Europa había cambiado las creencias dogmáticas alrededor de Dios y la religión por la razón y las ideas. Durante varios siglos, las ideas nos han unido, separado, definido o enfrentado. Pasamos de hacer la guerra por una creencia o religión a luchar por una ideología. De defender la religión por nacimiento, a la ideología a la que nuestras circunstancias nos habían llevado. Cambiamos ídolos por ideas.

Pero el mundo ha cambiado. Las ideologías ya no nos sirven

¿Acaso no quieres progreso? *Eres progresista.*
¿No quieres conservar tus valores y cierta estabilidad social? *También conservador.*
¿Que todos, y no sólo tú, vivamos bien? *Tienes *algo* de socialista.*
¿Tener libre oportunidad de desarrollo económico e individual? *Una parte de liberal.*

Salto 10

Abandona tus ideas. Abandona tu ideología

tu espíritu responsable, creativo e innovador serás motor de algo nuevo que entre todos debemos construir. Así, ¿Por qué no crear un nuevo sistema de gobernanza social NRS?

Esta parte lleva el gran secreto del libro: tras años implementando la metodología Grasshopper NRS® he aprendido que, si alguien llega a un municipio, empresa, institución o comunidad y propone una idea increíble, no funcionará. Sin embargo, si llevas a las personas a que detecten Necesidades No Resueltas y a través de un proceso metodológico generan la solución, matarán porque se implemente. Porque son "sus" soluciones. Porque somos personas. Ése es el secreto de este libro. El secreto del sistema NRS.

Pero adoptar el sistema NRS supone dejar atrás creencias de cientos de años. Dejar atrás lo conocido. Y tu mente, que vive en lo conocido, no se va a rendir tan fácil. Dejar atrás las ideas preconcebidas te va a costar. Pero es el único camino para llegar a lo nuevo.

Si algo he aprendido reconectando personas con su espíritu responsable, creativo e innovador, dándoles un método para que encuentren soluciones a Necesidades No Resueltas de sus vidas, de las organizaciones que interactúan o de las ciudades donde habitan, es que todos necesitamos un suelo en el que basar nuestras creencias y que nuestra mente nos deje tranquilos. Desde la caída del Imperio romano de Occidente hasta la Ilustración principalmente el suelo vino por las religiones monoteístas. A partir del siglo XVI, por las ideas e ideologías. Hoy ese suelo se resquebraja. Algo nuevo va a aparecer. Es una oportunidad, pero una responsabilidad que nuestra generación no caiga en la involución que tantas veces afectó a la humanidad.

Aquí tienes una propuesta. Una llama que, si cala en Tu corazón y en otros como Tú, quizá consiga ayudar a construir nuevas reglas de coordinación social que nos ayuden a evolucionar como sociedad. Siempre estando **Tú en el centro.**⇨

Era 2 de marzo de 2020 cuando presenté el libro *El fin de la innovación. La era del innovador*. Pocos días antes del cierre global por la pandemia. Publiqué en este libro la metodología Grasshopper NRS®, y desde entonces he tenido la oportunidad de ponerla en práctica más de 90 veces. Universidades, empresas, corporaciones, *startups*, ministerios, instituciones, escuelas de Formación Profesional, municipios, programas para personas en situación de desempleo...

Busqué probar la metodología con todo tipo de potenciales organizaciones. Con todo tipo de personas. Desde presidentes de corporaciones con su equipo directivo a nivel europeo, profesores de universidades o altos funcionarios, a personas desempleadas de larga duración de más de 45 años en zonas rurales. Y lo mágico es que todos, TODOS reconectaron con su espíritu responsable, creativo e innovador. Miles de personas, y todas tocando ese espíritu que permite salir de lo conocido que reside en la mente. Después, han salido una media de 7,5 Necesidades No Resueltas por participante y siempre ha surgido la solución para la NNR elegida. Siempre es SIEMPRE. Jamás ha fallado el proceso metodológico.

No voy a repetir cómo funciona, pero sí he querido imaginar un nuevo sistema de gobernanza social basado en Necesidades, Retos y Soluciones (NRS). Me he atrevido a imaginar tres áreas de ejemplo de NNR de un país y he tratado de sacar posibles Retos y Soluciones. En la primera parte de este libro tienes los elementos fundamentales para poder llegar a un nuevo modelo social, a nuevas reglas de coordinación, al despertar del individuo en las comunidades, a resaltar el valor de cada uno. Porque Tú eres importante. Activando

PARTE II.

GRASSHOPPER PARA LÍDERES

(NECESIDAD – RETO - SOLUCIÓN)